DITES-LE AVEC DES FLEURS

Patrick Mioulane

LAROUSSE

À Nicole, ma tendre épouse, la muse complice de mes passions,
inspiratrice de toutes les émotions que distille ce livre.
Le langage secret des fleurs que révèlent ces pages est celui de son âme,
car j'y vis comme dans le plus beau des jardins. PM

DIRECTION ÉDITORIALE :	Catherine Delprat
ÉDITION :	Nathalie Cornellana
DIRECTION ARTISTIQUE :	Emmanuel Chaspoul assisté de Jacqueline Bloch et de Cynthia Savage
CONCEPTION GRAPHIQUE :	Arnaud Corbin
MISE EN PAGES ET ADAPTATION :	Olivier Caldéron
ILLUSTRATIONS :	Maxime Lemoyne
LECTURE-CORRECTION :	Madeleine Biaujeaud
INDEX :	Isabelle Jullien
COUVERTURE :	Olivier Caldéron, Véronique Laporte
FABRICATION :	Nicolas Perrier

L'éditeur remercie Interflora et le Groupe d'Art Floral Interflora pour la réalisation des bouquets illustrant l'ouvrage.

ISBN : 2-03-560337-4 – N° de projet : 10104455 – Dépôt légal : février 2004

Fleurs de nos amours

Je t'aime, un peu, beaucoup… Qui n'a jamais effeuillé la marguerite ? Dans la nature d'une fleur se dissimule un moyen simple mais délicat pour parler d'amour. Alors, dites-le avec des fleurs !

Dans l'Antiquité déjà, les fleurs possédaient une signification symbolique et certains fleuristes d'Athènes étaient fort réputés pour leurs « bouquets d'amour ». La complexité du langage des fleurs a sans doute pris naissance dans les harems d'Orient. Les femmes, recluses et soumises, passaient leur temps à fantasmer sur le sens subtil du bouquet qu'un prétendant audacieux leur avait transmis à la dérobée par le biais d'une servante.

Le code secret des fleurs de l'amour fut dévoilé en Europe au début du XVIIIe siècle, par lady Mary Wortley Montague, l'épouse de l'ambassadeur d'Angleterre à Constantinople, célèbre auteur de lettres et de poèmes. Mais, un siècle plus tôt, les rites de l'amour courtois avaient déjà mis en exergue corolles et pétales dans l'art de conter fleurette.

En France, Louise Cortambert écrivit en 1819, sous le pseudonyme de Charlotte de La Tour, le premier ouvrage sur le langage des fleurs. Cette symbolique reprend force de nos jours. Elle évolue sans perdre de son romantisme, mais se pare à l'occasion d'une petite connotation coquine et s'enrichit de fleurs et de plantes inconnues à l'époque.

Inspiré de cette riche histoire, ce livre développe et modernise le langage floral, vous entraînant aussi dans l'ethnologie, la philosophie et la poésie, pour vous faire découvrir, comme l'a si joliment dit lord Byron, « toutes ces fleurs symboliques qui disent, ce que jamais les mots ne savent aussi bien exprimer ».

P. Mioulane

Sommaire

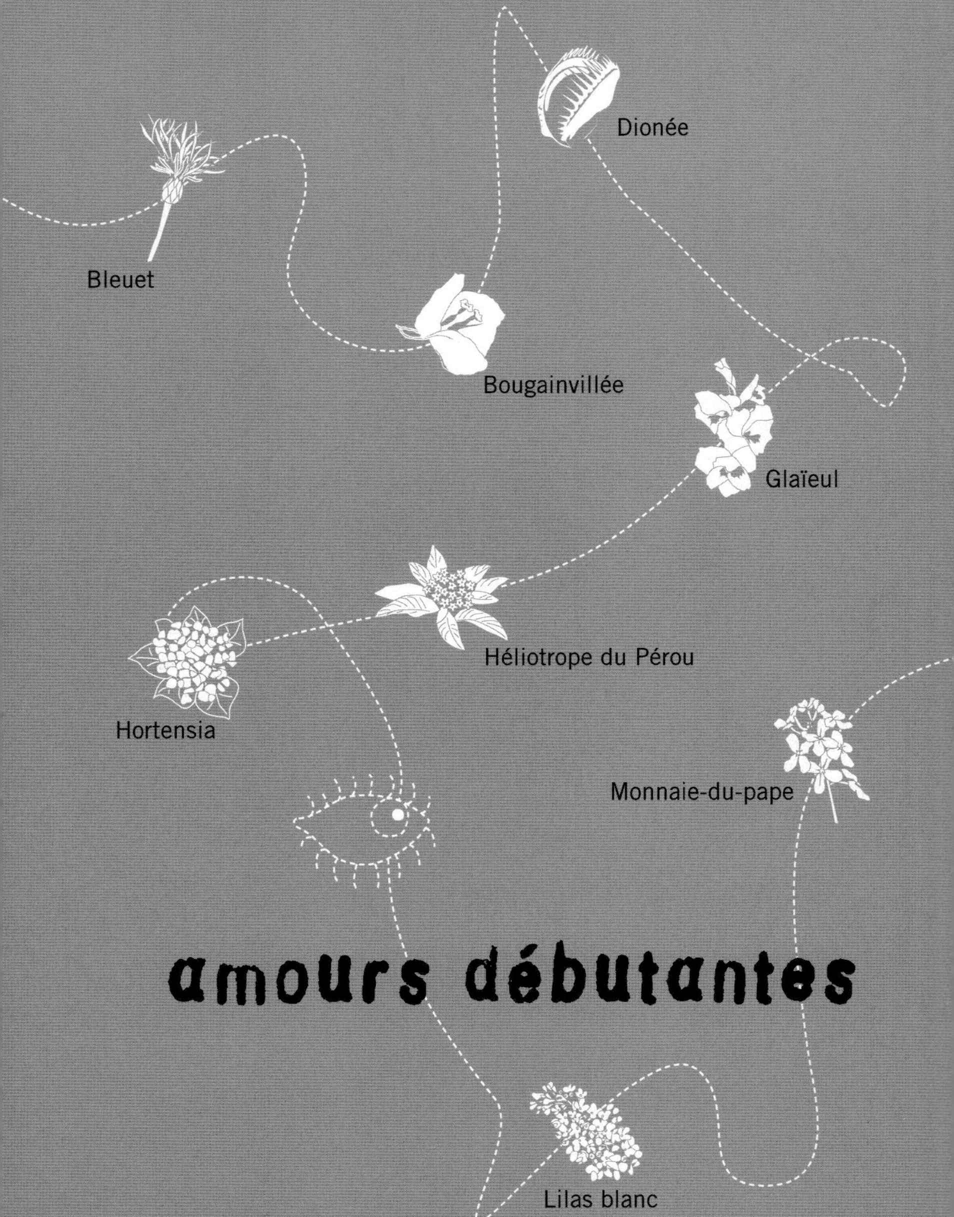

amours débutantes

la rencontre

Je suis timide, mais je me soigne...

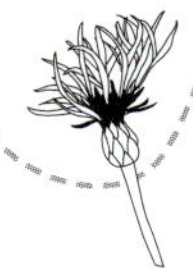

Bleuet

« Je n'ose pas t'avouer mon amour »

Si vous êtes paralysé par la timidité, déclarez-vous avec des bleuets. Le bleu azur pur, très rare chez les fleurs, et ses propriétés adoucissantes font du bleuet le messager des sentiments tendres, naïfs ou délicats. Une connotation de timidité amoureuse s'attache à cette fleur discrète aux pétales très finement ciselés, héritage de l'Orient où la couleur bleu ciel est emblématique de ce sentiment. Depuis l'Antiquité, le bleuet est un symbole de délicatesse, mais il peut également signifier un aveu d'amour par allusion. Il est dédié aux timides qui n'osent pas se déclarer.

Selon la légende, Cyanus était un adorateur de Flora, reine des fleurs. L'ayant trouvé mort dans un champ de blé, la déesse le transforma en bleuet afin d'honorer son amour et sa tendresse.

Il symbolise aussi l'amour filial depuis que Guillaume Ier, empereur d'Allemagne et roi de Prusse, offrit un bouquet de bleuets à sa mère Louise, avant d'affronter les armées de Napoléon.

Le saviez-vous ?

- Les égyptologues ont trouvé une tresse de bleuets dans le sarcophage de Toutankhamon.
- Lorsqu'un jeune homme, au XIXe siècle arborait un bleuet à la boutonnière, il était en quête d'une jeune fille pour se marier.
- Jadis, les bergères portaient une couronne de bleuets pour conjurer le mauvais sort.
- Dans nos campagnes, le bleuet est appelé « casse-lunettes », car on l'utilisait en collyre adoucissant.

« *Tandis que l'étoile inodore,*
Que l'été mêle aux blonds épis,
Émaille de son bleu lapis
Les sillons que la moisson dore,
Avant que, de fleurs dépeuplés,
Les champs aient subi les faucilles,
Allez, allez, ô jeunes filles,
Cueillir des bleuets dans les blés. »

(Victor Hugo, *les Orientales*)

CHEZ LE FLEURISTE > mai à octobre
DANS LE JARDIN > de juin à septembre
COULEURS > bleu, rose, blanc
NOM BOTANIQUE > *Centaurea cyanus*

D'aventure en aventure...

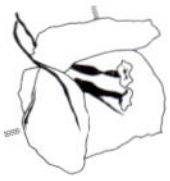

Bougainvillée

« Je cherche l'aventure »

Plante favorite des dragueurs, la bougainvillée est irrésistible. Originaire du Brésil, cette magnifique liane qui symbolise l'aventure et l'exotisme, est dédiée à Louis-Antoine de Bougainville, un des plus grands explorateurs du XVIIIe siècle. En 1766, le capitaine de vaisseau Bougainville appareille à bord de la *Boudeuse* pour un tour du monde. À son retour en mars 1769, il rapporte dans ses malles une jolie plante inconnue que les botanistes nomment : « Eudendride hydroïde tubulaire »! La plante deviendra plus tard la bougainvillée ou le bougainvillier. Mais on doit la découverte de cette espèce à Philibert Commerson, le naturaliste et botaniste du Roy qui faisait partie de l'équipe. Il repéra cet arbuste tout près de Rio de Janeiro en juillet 1767 et fut tout de suite séduit par sa beauté.

Le saviez-vous ?

- Introduite en 1845 dans l'archipel polynésien, la bougainvillée est devenue une des grandes stars végétales de ces îles de rêve. Les vahinés en portent souvent une grappe dans les cheveux, dans un désir de séduction.
- Datant de 1901, les allées de bougainvillées de Glendora aux États-Unis possèdent les plus grands spécimens du monde, qui atteignent 18 m de long, avec des troncs de 60 cm de diamètre.

« *Un certain bleu teignait l'horizon,*
un bleu compact solide, fermement apposé
contre le ciel presque blanc.
Une nappe de violet brûlant coulait
sur des murs jaunes le long du train ralenti.
Quelqu'un m'apprit le nom
de cette lave fleurie : bougainvillée. »

(Colette, *Prisons et Paradis*)

CHEZ LE FLEURISTE > mars à novembre
DANS LE JARDIN > mai à octobre
COULEURS > violet, blanc, pourpre, jaune, orange
NOM BOTANIQUE > *Bougainvillea glabra*

Dionée

« Chausse-trappe de l'amour »

La dionée, plante carnivore aux feuilles en forme de piège à loup, est une souricière de l'amour.
On l'appelle « attrape-mouches », mais c'est un irrésistible « attrape cœurs ». Cette plante est si étrange, si mystérieuse, avec ses feuilles qui se referment comme d'impitoyables mâchoires à la moindre stimulation, qu'elle fait frémir les jeunes filles innocentes. Désemparées, elles seront plus aisément séduites par le malicieux garçon qui leur fera cet étonnant présent ! À notre échelle, la dionée est pourtant peu impressionnante. Le piège que forment les feuilles ne dépasse guère 3 cm de long. Attiré par le nectar que sécrète la feuille, l'insecte se pose sur la dionée. Il suffit qu'il touche deux fois l'un des cils tactiles pour que le piège se referme en 1/30 de seconde. Ce mouvement rapide, presque brutal, très inhabituel chez les plantes crée un effet de surprise quasi magique et peut se transformer en moyen de séduction fort efficace. Mais n'abusez pas du stratagème, car la feuille meurt après quatre fermetures.

Le saviez-vous ?

- C'est Charles Darwin qui, en 1865, a démontré que la dionée était bien une plante carnivore, mais l'espèce avait été découverte dès 1760 par Arthur Dobbs, gouverneur de la Caroline du Nord.
- L'entrée en action du piège de la dionée est due à un stimulus électrique (une faible variation de potentiel dans les cellules). Après s'être fermé, il s'ouvre au bout de 24 h en moyenne.

La petite histoire

- Dioné était la mère de Vénus, déesse de l'Amour, ce qui donne encore un peu plus de piquant à la symbolique de cette espèce. Les Anglo-Saxons nomment la plante « Venus flytrap », c'est-à-dire l'attrape-mouche de Vénus.

CHEZ LE FLEURISTE > mars à octobre
À LA MAISON > toute l'année
COULEURS > fleurs blanches en juin
NOM BOTANIQUE > *Dionaea muscipula*

Pour un flirt avec toi…

Glaïeul

« J'espère parvenir à te conquérir »

Le glaïeul est réservé aux impatients qui vont droit au but ainsi qu'aux débutants qui tentent leur chance.
Avec ses immenses hampes florales qui peuvent dépasser 1 m de long et ses couleurs chatoyantes, souvent très complexes, on ne peut pas dire que le glaïeul soit la fleur des amours discrètes. Conquérant, presque autoritaire, il déclare avec une brutalité un peu maladroite : « je souhaite te conquérir ». Ses longues hampes dressées et effilées sont une invitation sans détour à l'amour charnel.
Dans le langage des fleurs du temps jadis, on voyait aussi dans cette fleur une bravade affirmant : « mon cœur te défie ». En effet, par tradition, envoyer à un homme des glaïeuls signifiait qu'on le provoquait en duel.
Dans le langage amoureux des fleurs, c'est le moyen pour transmettre d'une façon élégante et discrète l'heure d'un rendez-vous, le nombre de fleurs qui compose le bouquet indiquant l'heure de la rencontre galante.
Attention : le langage du glaïeul se manie avec précaution ! Si le bouquet est composé de variétés de couleurs variées, il dit : « tu m'es indifférente ». Le jaune seul clame : « tu es une vraie beauté » !

Le saviez-vous ?

- Le nom *Gladiolus* vient du latin *gladius*, glaive, allusion à la forme des feuilles qui s'effilent en pointe d'épée. Les gladiateurs victorieux de la Rome antique recevaient une composition florale à base de glaïeuls.
- Jusqu'au milieu du XIXe siècle, on ne connaissait en Europe que le glaïeul de Byzance à petites fleurs. Les hybrides modernes sont des croisements d'espèces originaires d'Afrique du Sud.

C'est le bouquet !

- Une douzaine de glaïeuls suffit pour indiquer précisément un rendez-vous. Ajoutez une fleur de pavot blanche pour indiquer le matin ou un coquelicot bien rouge pour préciser qu'il s'agit du soir ou de l'après-midi.

CHEZ LE FLEURISTE > mai à décembre
DANS LE JARDIN > juillet à septembre
COULEURS > toutes les teintes, souvent étonnantes
NOM BOTANIQUE > *Gladiolus* x *hybridus*

Tu me fais tourner la tête...

Héliotrope du Pérou

« Je n'arrête pas de penser à toi »

Par son parfum, l'héliotrope met tous les atouts charme de votre côté. Ses fleurs violet foncé peuvent paraître un peu tristes, mais elles dégagent un parfum tellement suave, profond et enivrant que tous les sens en sont bouleversés. On peut y retrouver une douce note de vanille sucrée de miel, qui s'évanouit dans un effluve poudré.

L'héliotrope est associée au soleil, car elle présente la faculté de tourner en permanence sa fleur vers l'astre du jour. Étymologiquement, héliotrope signifie d'ailleurs « qui se tourne vers le soleil ». On y voit l'image de la personne amoureuse qui dirige en permanence son regard et sa pensée vers l'être aimé. Ornement de la couronne des empereurs romains et des rois du Moyen-Orient, l'héliotrope d'Europe est souvent associée dans la symbolique chrétienne à toutes les personnes divines.

Le saviez-vous ?

- La nymphe Clytia, saisie de douleur en voyant Apollon, qu'elle aimait, lui préférer Leucothoé sa sœur, se laissa mourir de faim. Ému, le dieu du Soleil la changea en héliotrope pour qu'elle puisse continuer à le contempler pour l'éternité.
- Le mot « héliotrope » désigne aussi un minéral, une calcédoine opaque, d'un vert foncé jaspé de rouge, dont on faisait des vases précieux au XVIIe siècle.

« *Vous savez bien que c'est quand ils sont tout mouillés par la pluie qu'on sent vraiment l'odeur fraîche des lilas, tandis que l'héliotrope ne donne tout son parfum, qui est doux, qu'au soleil.* »

(Marcel Proust, *Jean Santeuil*)

CHEZ LE FLEURISTE > mai à octobre
DANS LE JARDIN > mai à octobre
COULEURS > bleu pourpré à violet
NOM BOTANIQUE > *Heliotropium spp.*

J'ai une ouverture ?...

Hortensia

« Laisse-moi espérer »

Espérance d'amour en bouton, la grosse tête d'hortensia fait exploser les sentiments en s'épanouissant. D'abord timide et discrète comme les premières émotions amoureuses, l'inflorescence en corymbe de l'hortensia porte en son centre des petites fleurs sphériques, compactes comme un cœur oppressé par la force des sentiments. Elles sont entourées de bractées virevoltantes et colorées qui évoquent la fantaisie et la joie des premières rencontres. Les variétés à fleurs plates ont pour signification : « merci de me comprendre », ce qui est une manière élégante d'avouer son attachement. Pour les amours débutantes ou illicites, vous pouvez aussi offrir un hortensia à feuilles de chêne *(Hydrangea quercifolia)*, qui dévoile une tendresse secrète et dit en quelque sorte : « cachons notre amour ». Attention : l'hortensia à grosses fleurs exprime aussi une marque de froideur, disant : « tu es distante » ou même : « tu es belle mais indifférente ». Blanc, il signifie : « tes caprices me peinent ».

Le saviez-vous ?

- Le nom « hortensia » aurait été donné à la plante par Philibert Commerson, botaniste et corsaire du roi, qui découvrit l'arbuste en Chine. C'est un hommage à sa maîtresse Hortense Barré qui s'était déguisée en homme afin de pouvoir l'accompagner dans son périlleux voyage !
- L'hortensia en pot s'offre à la fêtes des Mères et à la fête des Grands-Mères. Il exprime l'amour filial et la gentillesse.

« *Règne aujourd'hui par tes attraits*
Hortensia qu'un goût vulgaire encense,
Jouis de tes brillants succès,
Mais redoute notre inconstance.
Par une autre fleur, à ton tour,
Tu seras bientôt détrôné,
Car chez nous l'idole du jour
Le lendemain est surannée. »

(Constant Dubos)

CHEZ LE FLEURISTE > toute l'année
DANS LE JARDIN > juillet à septembre
COULEURS > rouge, rose, blanc, bleu
NOM BOTANIQUE > *Hydrangea macrophylla*

Lilas blanc

« Premier amour de jeunesse »

Spectaculaire, élégant, doté d'un parfum enchanteur, le lilas est la fleur qui invite à découvrir l'amour.
Le lilas blanc est souvent considéré comme l'emblème de la jeunesse, en raison de sa floraison précoce, de la pureté de sa couleur et du caractère éphémère de ses magnifiques bouquets floraux. Avec ses grappes généreuses qui exhalent des notes fraîches et herbacées, parfois légèrement animales, le lilas est, quelle que soit sa couleur, la fleur des amours naissantes, des premiers émois, des tendres émotions, des délicieux troubles provoqués par l'amour qui s'éveille.
On l'offre toujours à son premier coup de foudre, mais il convient aussi à l'amour fraternel car il se pare d'une aura de pureté.
Dans le cadre d'une liaison déjà bien établie, offrir du lilas signifie : « mon cœur t'appartient », signe d'amour fidèle et durable.
Si jamais vous avez quelques soupçons sur la nature de votre relation, offrez du lilas jaune ou crème, qui dénonce une inquiétude. Mais, attention, cette plante est également associée à un sentiment de vanité.

La petite histoire

- Fleur sacrée de la Maternité dans l'Antiquité, le lilas était attribué à Héra (Junon), déesse du Mariage et de la Fécondité.
- En Perse, on offrait une branche de lilas à un amant auquel on voulait signifier en douceur la fin d'une tendre relation.
- Pan, dieu de la Nature, préféra sa flûte en bois de lilas à son premier amour. La nymphe délaissée le poussa dans l'eau et le malheureux se noya !

Sens dessus dessous

- Chez les Anglais, le lilas a une connotation assez négative. On dit qu'introduire dans une maison du lilas blanc porte malheur, car c'est une fleur prémonitoire de détresse, qui était d'ailleurs utilisée dans les cérémonies funéraires.

CHEZ LE FLEURISTE > janvier à mai
DANS LE JARDIN > avril à mai
COULEURS > mauve, lilas, rose, blanc
NOM BOTANIQUE > *Syringa vulgaris*

Monnaie-du-pape

« Rendez-vous ce soir »

Gracieuse, légère, toute simple mais raffinée, c'est la fleur des premières rencontres en amoureux.

C'est une fleur annuelle ingénue, dont les grandes grappes légères sont composées de corolles en forme de croix, qui lui valent une connotation sage. On l'offre en bouquet léger pour une première et discrète rencontre le soir même ou pour confirmer un rendez-vous attendu impatiemment.

La forme en disque plat des fruits, qui a aussi valu à la monnaie-du-pape les noms de : « herbe aux écus » et de « lunaire », fait de cette plante européenne un grand symbole d'honnêteté. La croyance populaire veut qu'elle pousse seulement dans les jardins des gens intègres. La plante est couramment appelée *honesty* en Angleterre.

Dans le langage des fleurs traditionel, la monnaie-du-pape évoque aussi l'oubli, car elle ne nécessite aucun entretien et se ressème seule. Offerte en bouquet généreux qui mélange les variétés blanche et mauve et avec un beau ruban, elle signifie : « tu me fascines ».

Le saviez-vous ?

- On prêtait jadis des vertus magiques à la monnaie-du-pape, que l'on utilisait dans certains rituels de désenvoûtement.
- La légende veut que saint Nicolas ait payé avec des fruits de lunaire la dot de trois jeunes filles qui risquaient d'être vendues.
- René, duc de Lorraine, fait prisonnier après une bataille, peignit une branche de lunaire qu'il envoya à ses hommes pour qu'ils ne l'oublient pas.

« *Lunes d'hiver*
Dans les vases séchées,
Frissons de soie,
Monocles,
Pour les jardiniers
Du temps passé
Lucarnes de papier-monnaie. »

(Anonyme)

CHEZ LE FLEURISTE > avril à juin, fruits toute l'année
DANS LE JARDIN > mai et juin
COULEURS > rose violacé ou blanc
NOM BOTANIQUE > *Lunaria annua*

C'est à vous ces beaux yeux ?...

Nivéole & Perce-neige

« Premier regard d'amour »

Ces fleurs hivernales, qui comptent parmi les plus précoces, symbolisent la pureté des premières amours. Comme ce doux regard qui vous a transpercé le cœur pour la toute première fois, ces fleurs apportent une bouffée de bonheur, éphémère mais inoubliable. Encore toute timide, la petite clochette baisse la tête comme si elle n'osait pas vous darder une œillade trop enflammée. Toutes deux sont les fleurs de la complicité qui s'installe, tout en fraîcheur et en douceur.

Perce-neige et nivéole sont deux plantes très proches, cette dernière se distinguant par ses six pièces florales de longueur égale, tandis que trois sont plus petites chez le perce-neige. La floraison des nivéoles étant plus tardive, on dispose ainsi depuis le cœur de l'hiver jusqu'au printemps de ces fleurs adorables qui constituent le plus émouvant des présents.

Le saviez-vous ?

- Perce-neige et nivéole symbolisent aussi la consolation, leurs fleurs délicates naissant au moment où tout semble mort dans la nature et le jardin.
- Selon la légende, un ange descendit du ciel pour consoler Ève de la désolation de l'hiver, après qu'elle eut été chassée du jardin d'Éden. L'ange attrapa un flocon de neige, souffla dessus et il se transforma en fleur : c'était un perce-neige !

« *Sous un voile d'argent,*
la terre ensevelie,
Me produit malgré sa fraîcheur ;
La neige conserve ma vie.
Et me donnant son nom,
me donne sa blancheur. »

(Isaac de Benserade)

CHEZ LE FLEURISTE > décembre à mai
DANS LE JARDIN > janvier à mai
COULEUR > blanc
NOMS BOTANIQUES > *Leucojum vernum*
Galanthus nivalis

Je me suis fait tout petit...

Pêcher

« Timide aveu d'amour »

Avoir une peau de pêche, c'est déjà tout un programme, avec la fleur, avouez vos sentiments secrets...
Magnifique dans sa simplicité et sa nudité, la fleur de pêcher s'épanouit très tôt, bien avant les feuilles, annonçant le printemps, saison des amours par excellence. C'est pourquoi une branche de pêcher en fleur est le messager des amours clandestines ; le rose nuancé des pétales manifestant bien la timidité de l'amoureux transi.

Dans le cadre d'une relation bien établie, un bouquet de fleurs de pêcher est un aveu d'amour fusionnel. Celui qui l'offre dit : « tu es à moi », tandis que la dame qui le reçoit accepte d'être « prisonnière de l'amour ». Cette offrande dévoile de façon fragile et tendre un lien exclusif qui n'écarte pas la jalousie ! Fort heureusement, la fleur de pêcher est très éphémère, ce qui permet de se libérer très vite de liens devenus trop oppressants !

Attention : le fruit exprime également des sentiments. Dans le langage des fleurs du XIXe siècle, offrir une corbeille de pêches duveteuses et bien mûres signifiait : « vos qualités et vos charmes sont au-dessus de tout ». Cela peut se traduire de façon un peu plus abrupte dans le langage d'aujourd'hui par : « tu es super canon ! »

Le saviez-vous ?

- La croyance populaire veut que ceux et celles qui mangent des pêches ensemble éveillent des sentiments amoureux qui vont les conduire droit au péché.
- Dans la symbolique religieuse, on dit que le pêcher du paradis, le jardin de l'immortalité, produit des fruits tous les 3 000 ans et que sa sève a le pouvoir de rendre lumineux celui qui y touche !
- En Extrême-Orient, le pêcher est cultivé depuis 1 300 ans.

Sens dessus dessous

- En Chine, planter un pêcher est l'espérance d'une longue vie, mais aussi de mariage et de fécondité. Les fleurs éclosent au printemps, saison propice pour les mariages et portent des fruits, signe d'abondance prospère.

CHEZ LE FLEURISTE > janvier à mars
DANS LE JARDIN > février à avril
COULEURS > diverses nuances de rose
NOM BOTANIQUE > *Prunus persica*

Pervenche

« Tu es mon premier amour »

Inspiratrice de l'amour, la pervenche est une fleur tendre et sincère, qui s'offre dès les tout premiers émois.
La pervenche est la fleur d'un premier amour, celle que l'on offre d'une main un peu tremblante pour dire : « je ne pense qu'à toi ». Cette fleur est aussi le symbole de la virginité, car un bourdon doit « déflorer » son étroite corolle avant qu'une abeille puisse s'y glisser, la butiner et la polliniser. Dans les campagnes, on l'appelait auparavant « pucelage » ou « pucelle ». Dans le langage des fleurs du temps jadis, elle susurrait aussi : « toutes mes pensées sont pour vous », soit dans le jargon imagé d'aujourd'hui : « tu me fais vibrer un max » ! Mais l'allégorie va nettement plus loin, puisque offrir de la pervenche peut signifier : « mes pensées sont hantées par votre image », c'est-à-dire : « tu as un corps de rêve » ou « tu es trop ».
Avec son bleu intense et si particulier qu'il lui vaut d'être considéré comme une couleur à part entière, la pervenche a un petit côté nostalgique. Elle évoque un doux souvenir teinté de mélancolie. Les variétés bleue et blanche associées deviennent un présent d'amitié.

Le saviez-vous ?

- Réputée pour ses pouvoirs magiques, la pervenche est parfois appelée : « violette de serpents », « violette des morts », ou « violette des sorciers ». Au Moyen Âge, on en incorporait dans les philtres d'amour.
- Aujourd'hui, on utilise surtout l'un des 90 alcaloïdes qu'elle renferme, la vincamine, pour son efficacité dans l'abaissement de la tension artérielle et pour dilater les vaisseaux sanguins.

« *Comme autrefois la pervenche,*
Sur le velours vert des prés
Par le printemps diaprée
Aux baisers du soleil penche
À moitié rempli de miel
Son calice bleu de ciel. »

(Théophile Gautier)

CHEZ LE FLEURISTE > avril à juin
DANS LE JARDIN > février à juin
COULEURS > bleu, blanc, violet
NOM BOTANIQUE > *Vinca major*

Attisez le feu…

Primevère

« Premiers désirs »

Belle messagère du printemps, la primevère est l'image gracieuse des premiers frissons amoureux.
Depuis longtemps dans notre civilisation, la primevère est le symbole de la jeunesse et du renouveau. Elle exprime aussi un amour naissant et l'éveil des sens. Dans les contes celtiques, cette fleur printanière est la représentation du passage de l'enfance à l'âge adulte, c'est- à-dire la période troublée de l'adolescence. Délicate, presque tendre, la primevère est aussi une séductrice. Elle marque une affection sincère parée de l'inconstance de la jeunesse, et convient tout à fait aux amours de vacances. « Aimons-nous le temps d'une saison » est son message secret, dans lequel se devine en sous-entendu : « j'ai l'espoir que tu me céderas ». Sous ses dehors innocents, la primevère cache bien un petit côté coquin.
Une potée de primevères en mélange de couleurs annonce un amour plus exclusif, en affirmant avec ostentation : « je n'ai jamais aimé que toi ».

Le saviez-vous ?

- D'après une légende allemande, saint Pierre ayant perdu les clés des portes du paradis, elles furent changées en primevères et disséminées dans un massif pour que les pauvres âmes condamnées à l'errance ne puissent jamais les retrouver.
- Jadis, on refusait de planter des primevères dans les fermes poitevines, car elles étaient supposées gâter les œufs pondus par les poules et les oies !

« *Quand on entend l'hirondelle,*
Avec le premier beau jour
De printemps qui la rappelle
Annoncer l'heureux retour ;
Tu fleuris ô primevère !
Au sein naissant du gazon,
Et tu sers de messagère
À la nouvelle saison. »

(Anonyme)

CHEZ LE FLEURISTE > décembre à avril
DANS LE JARDIN > février à avril
COULEURS > toutes les teintes vives et fraîches
NOM BOTANIQUE > *Primula spp.*

Rose blanche

« Amour naissant et qui soupire »

Symbole de pureté avec une pointe d'ingénuité, la rose blanche clame sa virginité, mais sans innocence.
Depuis toujours, la rose blanche est l'image de la chasteté, car c'est la fleur de la Vierge Marie, qui symbolise aussi la naissance. Mais, avec sa silhouette bien galbée, ses pétales qui s'ouvrent en coupe alanguie et parfois un parfum à faire se damner un saint, la rose blanche n'est pas aussi angélique qu'elle voudrait le faire croire. Elle s'offre volontiers dans le cadre d'une relation adultère qui doit bien sûr rester secrète. Elle évoque également un amour pur et raffiné, promesse de délicieux fantasmes. Offrir des roses blanches, c'est marquer son intérêt pour une personne et l'assurer de votre attachement. Mais c'est aussi une déclaration amoureuse timide, l'aveu d'un soupirant réservé ou l'invitation à des aventures nébuleuses... Si, par chance la dame accepte le bouquet, c'est sa manière de dire : « je suis digne de toi » et, donc, de vous inciter à aller plus loin.

Sens dessus dessous

- Un bouquet de roses blanches et rouges renforce votre union ou est une invitation à faire l'amour ; il symbolise aussi la beauté ardente.
- Une jeune fille qui portait sur sa robe une rose blanche séchée affirmait jadis : « plutôt mourir que perdre ma virginité ! ».
- Une seule rose blanche présentée avec une longue tige toute droite est le symbole du silence qui affirme sans détour : « je ne trahirai jamais notre secret ».

« *Un papillon caressait une rose,*
Il la rendit sensible à son ardeur ;
L'épine disparut, le bouton devint fleur
Mais après la métamorphose,
L'insecte las de son bonheur,
Vers une autre porta
son hommage trompeur. »

(Mme de Bourdic-Viot)

CHEZ LE FLEURISTE > toute l'année
DANS LE JARDIN > mai à octobre
COULEURS > blanc, ivoire
NOM BOTANIQUE > *Rosa* x *hybrida*

Rose de porcelaine

« Premiers désirs d'amour charnel »

Scintillante comme un bijou, la rose de porcelaine évoque l'aventure exotique, pour débuter en beauté...
Avec ses bractées cireuses et brillantes, qui évoquent des lèvres pulpeuses fardées de rouge à lèvre, cette imposante fleur tropicale étonne et séduit à la fois. Comme la plupart des belles exotiques, c'est une séductrice fortement empreinte d'érotisme. Symbole d'exubérance teintée de sophistication, la rose de porcelaine est l'image de la beauté précieuse. Offrir ne serait-ce qu'une seule de ces fleurs est un compliment à la volupté déguisée, un véritable désir de plaire.
En raison de sa solidité, de sa longue tenue en vase (près de trois semaines) et de ses dimensions imposantes, cette plante originaire des forêts tropicales de Malaisie exprime aussi la force des sentiments. La rose de porcelaine peut sans problème être offerte en guise de serment amoureux, pour extérioriser de façon spectaculaire une passion intense et brutale.

Le saviez-vous ?

- Son premier nom botanique fut *Nicolaia elatior,* en hommage au tsar Nicolas Ier qui aimait beaucoup cette fleur étrange.
- Le nom *Etlingera* a été donné pour honorer le botaniste du XVIIIe siècle Andreas Ernest Etlinger, qui décrivit et nomma de nombreuses espèces de plantes, notamment des sauges.
- En Asie, on aromatise souvent les currys avec les bourgeons et les jeunes inflorescences.

Sens dessus dessous

- La rose de porcelaine s'offre pour une demande de baiser torride et passionné. C'est peut-être pour cela que les Espagnols lui donnent le nom de « bouche-de-dragon ». Pour les Anglais, c'est le « gingembre flambeau ».

CHEZ LE FLEURISTE > toute l'année
DANS LE JARDIN TROPICAL > toute l'année
COULEURS > rouge, rose
NOMS > *Etlingera, Nicolaia, Phoemaria*

Tulipe sauvage

« Amours débutantes »

Les fleurs fines et tendres des tulipes sauvages dévoilent en beauté les tout premiers troubles de l'amour.
Plus discrète, plus élancée, plus timide que ses sœurs hybrides qui évoquent des amours solides et enflammées, la tulipe sauvage se pare d'une simplicité, d'une pureté et d'une touche de timidité qui expriment bien les premières émotions du cœur. Ce sont des fleurs très naturelles qui s'expriment sans ambages. En fonction des couleurs choisies, vous modulerez à l'envi votre message.

Si vos intentions sont pures ou platoniques, restez dans le blanc ou les teintes très claires. En mélangeant les couleurs, vous traduirez votre admiration en sous-entendant : « tu es irrésistible ». Panachée, la fleur se limite à un discret : « tu as de beaux yeux ». Toutes les tulipes sauvages (on les appelle couramment les « tulipes botaniques ») évoquent le début d'une idylle. Elles seront surtout offertes par les plus jeunes.

Le saviez-vous ?

- Dans certains pays musulmans, la tulipe blanche accompagne les rites religieux, car sa fleur évoque le turban de l'imam et le vert des feuilles et des tiges symbolise le paradis de l'islam.
- On dit que les tulipes servent de berceau aux fées qui peuvent y endormir leurs enfants.
- Un bouquet de tulipes envoyé à un homme est considéré comme un message positif de confiance, d'estime et d'amitié.

« *Sur le marbre du temps,*
Cupidon tend son arc !
Et l'on entend sonner, ô ma belle tulipe,
Au rythme de ton cœur,
au zénith de ta fleur
Le printemps qui s'éveille
au clocher de l'amour. »

(Anonyme)

CHEZ LE FLEURISTE > décembre à mai
DANS LE JARDIN > mars à mai
COULEURS > toutes teintes sauf bleu
NOM BOTANIQUE > *Tulipa spp.*

Dites-le aussi avec ces fleurs...

Voici une liste complémentaire de plantes à la fois timides et charmantes. Vous pouvez les utiliser comme appoint dans les compositions florales destinées à célébrer une rencontre. Elles murmurent en beauté vos tout premiers émois...

Astilbe *(Astilbe x arendsii, Astilbe japonica)*
premier amour, amours débutantes

Gesse ou pois vivace *(Lathyrus latifolius)*
rendez-vous convenu

Julienne des dames *(Hesperis matronalis)*
« je t'attends »

Laurier-tin *(Viburnum tinus)*
« donne-moi un gage »

Mercuriale *(Mercurialis perennis)*
béguin

Mouron blanc *(Stellaria media)*
rendez-vous amoureux

Origan *(Origanum vulgare)*
« vous me faites rougir », bonheur.
Un bouquet d'origan témoigne d'amours joyeuses.

Pâquerette des jardins *(Bellis perennis)*
« je t'aime, un peu, beaucoup, passionnément, à la folie ou pas du tout ! »

Pavot pourpre *(Papaver somniferum)*
premiers émois

Rose trémière rose *(Alcea rosea)*
« je t'aime en secret »

Sensitive *(Mimosa pudica)*
pudeur

Silène rouge *(Silene dioica)*
amour de jeunesse

Douce attente

Mêlant conformisme et naturel, ce superbe bouquet de roses crème, de monnaie-du-pape et d'hortensias se traduit par : « je t'aime en silence. Si tu me laisses une chance de te séduire, donne-moi rendez-vous ce soir ». L'espoir est formulé par l'hortensia ; l'amour pur et tout juste naissant par la rose blanche et le rendez-vous par la lunaire.

Tendre piège

Machiavélique piège végétal, dont les mâchoires se referment sur l'insecte qui la butine, la dionée s'exprime ainsi dans le langage d'amour des fleurs : « tu as piégé mon cœur ». Une manière habile de faire le premier pas…

Rêve d'amour

Ce bouquet de glaïeuls jaunes soulignés par un pavot rouge dissimule cette phrase riche de promesses : « tu es une vraie beauté, ton corps me trouble. Retrouvons-nous à midi pour nous aimer au plus tôt ».

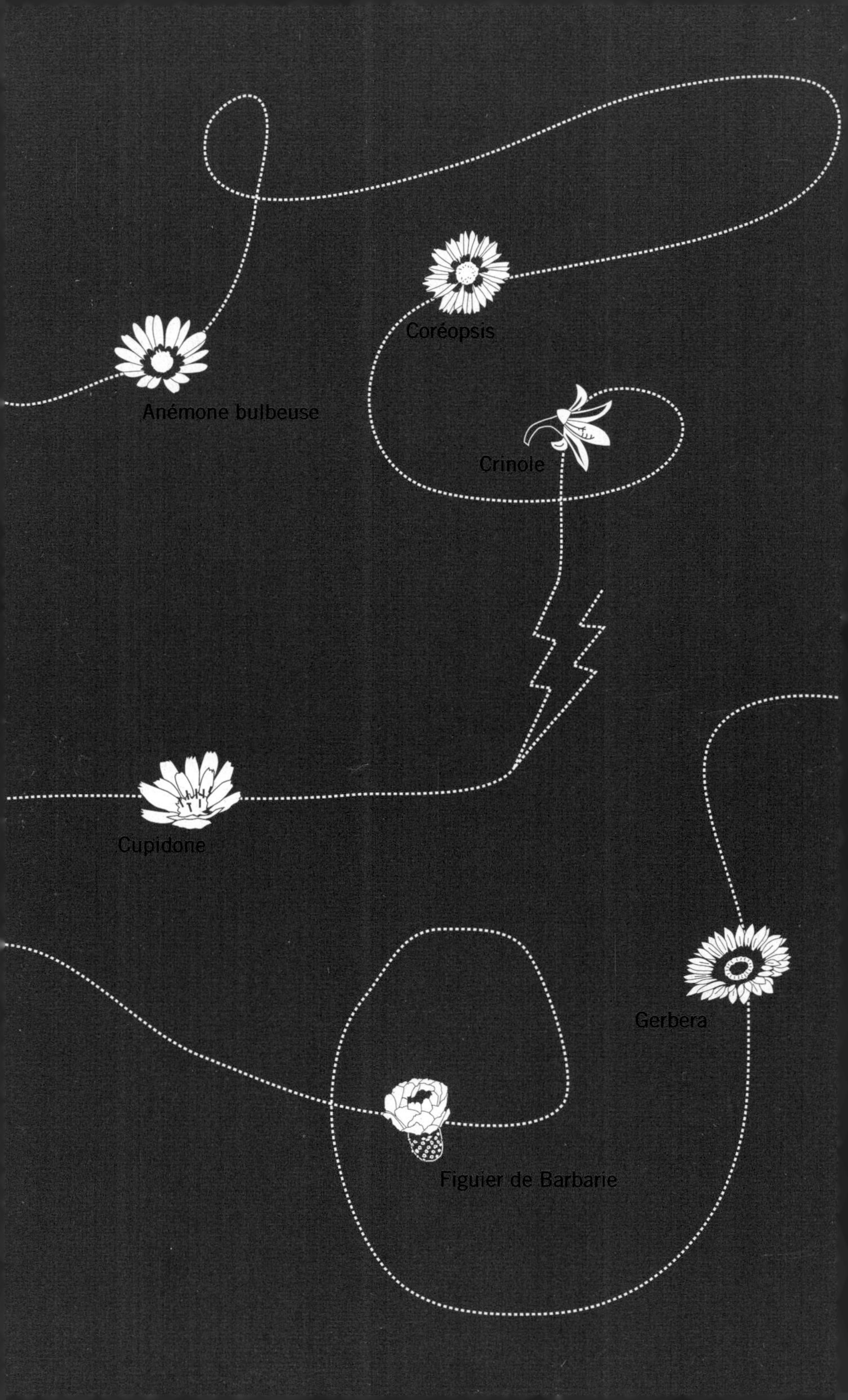
Anémone bulbeuse
Coréopsis
Crinole
Cupidone
Gerbera
Figuier de Barbarie

le coup de foudre

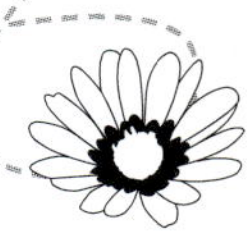

Anémone bulbeuse

« Coup de foudre, passion soudaine »

Adorable petite étoile colorée, l'anémone bulbeuse séduit par sa simplicité. Comme un coup de cœur, elle apparaît dans toute son ingénuité, attirant irrésistiblement par l'éclat coloré de sa fleur. On ne résiste pas à la pureté de cette star éphémère du premier printemps, qui s'ouvre à l'improviste. Alfred de Musset en a joliment évoqué la fraîcheur et la spontanéité avec ces mots : « c'est dans le mois de mars que tente de s'ouvrir l'anémone sauvage aux corolles tremblantes. » Trop petite pour former un bouquet digne de votre fièvre amoureuse, l'anémone bulbeuse s'offre en pot pour signifier discrètement un coup de foudre. Intensifiez votre message en l'associant à des perce-neige et à des tulipes botaniques, qui composeront un ensemble éloquent et charmant. On dédiera volontiers l'anémone bulbeuse à une jeune fille, car elle a la grâce et la fugacité de la jeunesse. Elle est aussi réputée adoucir les chagrins d'amour.

Le saviez-vous ?

- Anémone est aussi un prénom féminin, fêté le cinq octobre, jour de la Sainte-Fleur.
- L'anémone des bois *(Anemone nemorosa)* symbolise l'abandon, car, dans la mythologie, Zéphyr, dieu du Vent, avait quitté sa femme Flora, pour la jeune et adorable nymphe Anémone, qui était à leur service.
- La fleur de l'anémone étant éphémère, elle évoque le passage rapide de la beauté et la fragilité.

« *Les abeilles dans l'anémone*
Mendiaient, essaim diligent :
Le printemps leur faisait l'aumône
Dans une corbeille d'argent. »

(Victor Hugo)

CHEZ LE FLEURISTE > bulbes en octobre pour la plantation. Potées fleuries de décembre à mars
DANS LE JARDIN > février à avril
COULEURS > rouge, rose, blanc, bleu
NOM BOTANIQUE > *Anemone blanda*

Comme un ouragan...

Coréopsis

« Coup de foudre »

Comme un rayon de soleil qui vient illuminer une journée heureuse, le coréopsis est un vrai coup de foudre. Symbolisant l'amour au tout premier regard, cette très belle fleur, originaire des États-Unis, doit son message à l'éclat de ses fleurs. C'est le soleil de l'amour qui brûle et brille à la fois dans un moment intense et enflammé qui vous consume. Qu'il s'agisse du coréopsis élégant *(Coreopsis tinctoria)* ou bien du coréopsis de l'Arkansas *(Coreopsis verticillata)*, au feuillage beaucoup plus fin, la signification reste la même, du moment que la fleur est complètement jaune. S'ajoute au message une nuance de gaieté, encore plus forte chez le coréopsis rose *(Coreopsis rosea)*.

Attention : chez les espèces dont le disque floral est cerclé de pourpre, le message est moins flatteur. La couleur ambiguë fait passer une intention de rivalité : « ne serais-je plus le seul élu de ton cœur ? » Quant aux variétés pourpres ou acajou, elles clament fort : « je souffre de t'avoir aimée ». À utiliser seulement pour la rupture !

Le saviez-vous ?

- *Coreopsis tinctoria* était jadis utilisé comme plante tinctoriale pour fournir un colorant végétal d'un jaune intense, ce qui explique son nom d'espèce.
- En 1991, le coréopsis a été désigné comme la fleur officielle de la Floride, cette plante étant communément plantée le long des routes dans cet État américain.
- Les coréopsis étant réputés éloigner les pucerons, on les plante volontiers avec les rosiers.

Sens dessus dessous

- Étymologiquement, le nom *Coreopsis* vient du grec *koris*, punaise et *opsis*, ressemblance. Cette étrange appellation fait allusion à l'aspect des graines, mais elle offre une bien piètre image pour un coup de foudre !

CHEZ LE FLEURISTE > juillet à octobre
DANS LE JARDIN > août à octobre
COULEURS > jaune d'or, parfois acajou
NOM BOTANIQUE > *Coreopsis spp.*

Crinole

« J'ai un faible pour toi »

Irrésistible par son ampleur, sa générosité et son parfum, la crinole est l'expression d'un amour puissant.
Offrir une potée de crinoles (ou crinums) n'est pas chose banale. D'abord, c'est une plante assez peu courante et, surtout, la touffe de plus de 1 m de haut, qui porte des inflorescences pouvant atteindre 1,50 m, a tout pour faire chavirer l'élue de votre cœur. C'est la plante des grandes émotions, qui affirme avec emphase votre attirance. Vous exprimez une tendre faiblesse, mais vous le dites avec vigueur et sans ambages. Vous jouez dans la cour des seigneurs et ne cherchez pas à masquer vos sentiments. Elle est tout pour vous, rien n'est trop beau pour elle...
Si vos intentions vont plus loin que l'extase de quelques ébats nocturnes, offrez une variété à fleurs blanches (*Crinum* x *powellii* 'Album' ou *Crinum asiaticum*), car les formes à fleurs rose violacé insistent plutôt sur l'aspect érotique et passionné de votre liaison.
Sachez que, dans un couple déjà bien établi, offrir une crinole sera synonyme de bonheur intense dans la relation intime.

Le saviez-vous ?

- Il existe 130 espèces de *Crinum*, toutes originaires de contrées tropicales, dont plus de la moitié viennent d'Afrique du Sud.
- *Crinum asiaticum* est surnommé « bulbe poison », car il possède de très puissantes propriétés émétiques (il fait vomir).
- En Inde, le bulbe grillé et réduit en poudre fine est utilisé pour les cataplasmes en lieu et place de la graine de moutarde dont nous nous servons en Europe.

Sens dessus dessous

- Le parfum suave, profond, sensuel qu'exhalent les fleurs de crinole rappelle un peu celui du lis blanc, mais avec des notes plus exotiques où l'on retrouve la vanille et des épices rares. Une raison de plus d'éveiller l'amour !

CHEZ LE FLEURISTE > juin à octobre
DANS LE JARDIN > juin à octobre
COULEURS > rose pourpre, blanc
NOM BOTANIQUE > *Crinum* x *powellii*

Cupidone

« Source de l'amour »

Dédiée au dieu de l'Amour, cette fleur sauvage qui ressemble au bleuet est une missive sans ambiguïté.

Légère, gracieuse, d'un éclatant bleu azur peu banal dans le monde végétal, la cupidone est considérée dans le langage traditionnel des fleurs du XIXe siècle comme le berceau de l'amour. C'est la fleur du dieu Amour, que les Anglais appellent plus subtilement « flèche de Cupidon », ce qui en fait à l'évidence la fleur du coup de foudre ! La connotation amoureuse de la cupidone est célébrée depuis l'Antiquité, où la plante était réputée aphrodisiaque. En Grèce, on l'a longtemps utilisée dans les philtres d'amour, notamment le « katananke » (nom qui a donné *Catananche*), une potion magique que l'on utilisait comme breuvage de charme. Celui qui en consommait tombait, paraît-il, amoureux dans l'instant ! Symboliquement, lorsque Cupidon était trop occupé pour vous aider dans vos amours, le katananke était supposé le faire ! Dans la réalité, la cupidone n'a aucun effet stimulant de l'amour, mais elle est si gracieuse qu'elle nous séduit d'emblée !

Le saviez-vous ?

- Disposer quelques fleurs de cupidone dans un bouquet le transforme en gage d'amour.
- Attention, un bouquet de cupidones seules est une manière d'affirmer posséder des capacités sexuelles hors du commun !
- La cupidone fait partie de l'horloge florale que Linné a établie en 1751, en observant l'horaire régulier d'ouverture et de fermeture de certaines fleurs. La cupidone s'ouvre à 5 h.

C'est le bouquet !

- Les fleurs de la cupidone ont la texture du papier. Cueillies en bouton à peine ouvert, elles peuvent être mises à sécher à l'air libre, en bouquets suspendus tête en bas, dans un endroit sombre ou bien dans un placard situé près d'une source de chauffage.

CHEZ LE FLEURISTE > juin à octobre
DANS LE JARDIN > juin à octobre
COULEURS > bleu, jaune
NOM BOTANIQUE > *Catananche spp.*

Embrasez qui vous voudrez…

Figuier de Barbarie

« Tu as enflammé mon cœur, il brûle d'amour pour toi »

La redoutable armure d'aiguillons dont est muni ce cactus lui vaut son symbole de brûlure d'amour. Originaire d'Amérique centrale, le figuier de Barbarie a été introduit en Espagne par les conquistadores au XVIe siècle. La plante s'est parfaitement acclimatée, colonisant tout le littoral méditerranéen, au point d'en transformer complètement le paysage. En raison de sa faculté à s'adapter de façon exubérante dans les zones arides, le figuier de Barbarie est une aubaine pour de nombreux pays au climat sec. Les fruits, sucrés et savoureux, ne peuvent être cueillis à pleine main sous peine de souvenirs douloureux, les très fines épines (glochides) provoquant une sensation de brûlure intense. C'est ce qui explique le symbole d'amour enflammé que le figuier de Barbarie s'est forgé dans le langage des fleurs. Il est vrai aussi que, pour oser cueillir sa fleur somptueuse mais éphémère, il faut être transporté par un amour aveugle et enfiévré…

Le saviez-vous ?

- *Opuntia cochenillifera* est une espèce voisine du figuier de Barbarie que l'on cultive depuis près de 2 500 ans, parce qu'elle est toujours envahie d'insectes (cochenilles) qui, une fois broyés, donnent un colorant rouge.
- La tequila est aussi fabriquée à partir du jus de figue de Barbarie.
- La figue de Barbarie, appelée aussi « pomme de raquette », est un fruit savoureux qui est également le symbole de la satire.

La petite histoire

- Les Aztèques appelaient le figuier de Barbarie « ortie nopal », signe de ses effets brûlants. Depuis, on a découvert qu'il possède des effets thérapeutiques valables, dont la faculté d'abaisser le taux de mauvais cholestérol.

CHEZ LE FLEURISTE > pot toute l'année
DANS LE JARDIN > juin à octobre
COULEURS > jaune, orange, rouge, rose
NOM BOTANIQUE > *Opuntia spp.*

Gerbera

« Tu illumines ma vie »

Avenante marguerite sud-africaine aux mille et une couleurs, le gerbera ensoleille vos amours.

Le gerbera est une fleur relativement récente dans l'assortiment des fleuristes. Elle est apparue sur le marché vers 1970. Son capitule simple ou double, de 8 à 12 cm de diamètre, dont le disque régulier évoque le soleil, se décline en couleurs chaudes ou pastel selon les variétés. Cette fleur gaie, moderne, élégante, qui permet les compositions les plus créatives, symbolise l'émerveillement. Elle clame sans ambages : « tu illumines ma vie » ! Offrez un bouquet de gerberas rouges pour évoquer un amour intense, profond et loyal. Des gerberas jaunes ou orangés dévoilent une chaleureuse pensée pour les amis absents.

Lorsqu'elles sont roses ou bien en mélange de coloris, les marguerites du Transvaal, comme on les appelle aussi parfois, deviennent les messagères d'un coup de foudre. La signification d'un bouquet est claire : « nous nous sommes rencontrés hier et depuis je ne cesse de penser à toi ».

Le saviez-vous ?

- Le gerbera développe dans son environnement naturel un système racinaire très important, ramifié et pivotant, qui peut atteindre 80 cm de long.
- Les Pays-Bas sont les plus importants producteurs de gerberas en Europe, avec près de 300 hectares de serres.
- La plupart des gerberas sont multipliés in vitro et cultivés hors sol pour éviter de redoutables maladies des racines.

Sens dessus dessous

- Dédié au botaniste allemand du XVIIIe siècle Traugott Gerber, le gerbera appartient à la famille des Astéracées (Composées). On en connaît une quarantaine d'espèces, venant d'Afrique, de Madagascar, et d'Asie.

CHEZ LE FLEURISTE > toute l'année
DANS LE JARDIN > juin à septembre
COULEURS > rouge, blanc, mauve, jaune, rose
NOM BOTANIQUE > *Gerbera jamesonii*

j'ai encore rêvé de nous...

Pavot rouge

« Mes rêves sont emplis de toi »

Symbole du sommeil en raison de ses propriétés narcotiques, le pavot est la fleur des rêves amoureux.
Associée à sainte Marguerite, que l'on fête le 20 juillet, la fleur de pavot est l'allégorie du sommeil et de la torpeur, l'attribut de la nuit. Le pavot rouge vous souhaite : « faites de beaux rêves », message dû à l'opium que contiennent ses fruits (capsules) et dont on extrait différentes substances analgésiques comme la morphine et la codéine. Fleur des songes offerte en bouquets généreux et multicolores, le pavot dit : « ton image emplit mes rêves ».
Attention aux couleurs : il est possible de voir une connotation plus coquine avec les pavots rouge vif qui expriment : « ton corps me fait rêver » et sous-entendent des songes érotiques, voire de l'innovation dans les jeux de l'amour. Jaunes, les pavots évoquent un espoir d'amour. Pourpres, ils font part de nos premiers émois ; saumon, ils disent : « tu as toutes les qualités ». Dans le mariage, le pavot rouge symbolise la fécondité, le pavot violet la fidélité. À offrir sans modération !

La petite histoire

- Morphée, dieu du Sommeil, confectionnait des couronnes de pavot pour endormir ses amis.
- Dans l'Antiquité grecque, les vieillards dont les facultés se dégradaient finissaient par se suicider avec du suc de pavot.
- Le pavot est une fleur portée par Cérès, la déesse de la Fertilité, et par Vénus, la déesse de l'Amour.
- Le pavot rouge peut symboliser également la raison d'État, jalouse et avare de son pouvoir.

« *Cueillez-moi ce pavot sauvage*
Qui croît à l'ombre de ces blés
On dit qu'il en coule un breuvage
Qui ferme les yeux accablés.
J'ai trop veillé ; mon âme est lasse
De ces rêves qu'un rêve chasse. »

(Alphonse de Lamartine)

CHEZ LE FLEURISTE > avril à juin
DANS LE JARDIN > avril et mai
COULEURS > rouge, blanc, mauve, rose
NOM BOTANIQUE > *Papaver somniferum*

Tu as transpercé mon cœur…

Pelote d'épingles

« « Je suis piqué d'amour »

Donnant l'impression d'un coussin hérissé d'aiguilles, la fleur du Leucospermum pique l'amour au vif. Plante unique par son aspect extraordinaire et sa longue tenue en vase qui dépasse un mois, le *Leucospermum* est un arbuste sud-africain dont les fleuristes proposent de plus en plus couramment des branches, surtout lors des fêtes de Noël. Même si les *Leucospermum* appartiennent bien à la famille des Protéacées, ils sont souvent appelés à tort « Protea », nom qui désigne une plante fort différente dont la fleur rappelle l'artichaut. Outre son aspect exotique indéniable qui va éveiller la curiosité de la personne qui la reçoit et valorise celui qui l'offre, la « pelote d'épingles », ou « pelote d'aiguilles », traduction littérale de son nom anglo-saxon de *pincushion*, exprime bien un coup de foudre. Un bouquet de *Leucospermum* manifeste un amour brutal, violent, comme si l'on avait été piqué par une des flèches de Cupidon que symbolise chaque fleur.

Le saviez-vous ?

- Il existe quarante-huit espèces de *Leucospermum*, le plus souvent des arbustes buissonnants d'une hauteur moyenne de 2,50 m. Les têtes florales, qui atteignent 15 cm de diamètre, sont souvent ornées de poils argentés.
- Les feuilles et les pousses des *Leucospermum* renferment des tanins qui ont un effet vénéneux sur les herbivores. Cela explique pourquoi ces plantes ne sont jamais broutées dans la brousse.

Sens dessus dessous

- Le nom *Leucospermum* vient du grec *leucos*, blanc, et *sperma*, graine, couleur spécifique de la semence. Elle sert de nourriture aux babouins et aux fourmis.

CHEZ LE FLEURISTE > août à février
DANS LE JARDIN (AFRIQUE DU SUD) > août à février
COULEURS > jaune, orange, rouge
NOM BOTANIQUE > *Leucospermum spp.*

Pourpier

« Inspirateur de l'amour »

Les fleurs multicolores du pourpier s'épanouissent comme par miracle au soleil en gage d'amour.
L'ouverture instantanée de la fleur sous la caresse du soleil fait de cette petite plante grasse le symbole de l'amour que l'on découvre. Mais elle en est aussi l'inspiratrice, car sa floraison qui explose de façon quasi miraculeuse, rappelle le tumulte des sentiments engendrés lors d'une passion naissante. Le pourpier épanouit ses fleurs satinées en coupes de couleurs vives, seulement en fin de matinée, ce qui lui vaut d'être appelé parfois : « il est onze heures » !
Cette mignonne plante couvre-sol que l'on appelle aussi « tapis magique » est une annuelle originaire d'Amérique du Sud. Ce n'est pas une fleur à offrir en bouquet, mais dans une coupe ample et peu profonde, accompagnée par exemple de jeunes plants de figuier de Barbarie, pour délivrer un message puissant d'amour nouveau, irrésistible, éblouissant. Vous pouvez aussi en éparpiller des graines ici et là dans un massif ensoleillé au printemps pour que votre message parsème le jardin. Un enchantement de fleurs et d'amour qui surprendra.

Le saviez-vous ?

- En France, un pourpier sauvage pousse sur le bord des chemins. Ses tiges rougeâtres et ses feuilles charnues à la saveur douce, fine et croquante sont consommées en salade. Déjà bien apprécié à l'époque romaine, on l'appelait « légume bénit » au Moyen Âge.
- Le pourpier à grandes fleurs a besoin de onze heures de pleine lumière au moins pour s'épanouir.
- *Portulaca umbraticola* est une espèce proposée en suspension.

Sens dessus dessous

- Composez une salade aux vertus aphrodisiaques avec du pourpier assaisonné de menthe, de citron, d'huile d'olive de sarriette et de piment. Vous pouvez y ajouter des « pommes d'amour », c'est-à-dire des tomates pour adoucir.

CHEZ LE FLEURISTE > en pot en mai
DANS LE JARDIN > juin à septembre
COULEURS > rouge, rose, orange, jaune
NOM BOTANIQUE > *Portulaca grandiflora*

Rhododendron

« Tu es la plus belle »

Signifiant littéralement « arbre de roses », le rhododendron célèbre en beauté l'explosion de l'amour.

Le rhododendron est la fleur d'un premier aveu, qui dit dans un soupir : « ta distinction fait de toi la plus belle des femmes ». Arbuste opulent, spectaculaire et d'un éclat qui ravit, le rhododendron est surtout un symbole d'élégance.

En raison de sa réputation de plante toxique, le rhododendron exprime souvent le danger dans le langage des fleurs classique. Il peut être offert par un amant qui a le soupçon d'avoir été joué, mais aussi dans le cas où l'on considère que la relation risque d'aller trop loin. Le rhododendron évoque l'idée d'un amour éphémère, qui a été superbement décrite en ces mots par Jacques Chardonne, écrivain du début du XXe siècle : « le rhododendron tient allumée quelques jours dans son feuillage une torche rose. À peine évanouies, ces belles flammes sont remplacées par des trognons enfumés ».

Sens dessus dessous

- Le miel de rhododendron est réputé toxique en raison d'un texte de Xénophon (430 à 355 av. J.-C.), qui décrivait le comportement bizarre de soldats grecs en ayant consommé. Il s'agissait de miel d'azalée pontique *(Rhododendron ponticum)*, dont on a reconnu plus tard les effets hallucinogènes et laxatifs. En revanche, le miel des autres espèces, notamment le rhododendron des Alpes, est parfaitement comestible.

« *Je me fais un édredon*
Avec des rhododendrons,
Je me fais un oreiller
Avec des œillets œillés,
Et c'est avec des lilas
Que je fais mon matelas.
Je me couche alors
Et je dors. »

(Robert Desnos)

CHEZ LE FLEURISTE > en pot d'octobre à avril
DANS LE JARDIN > avril et mai
COULEURS > rouge, blanc, mauve, rose, jaune
NOM BOTANIQUE > *Rhododendron* x *hybridum*

Flèches d'amour

Dans une composition dont l'architecture exotique évoque une paillote au milieu d'une nature florissante, ce bouquet de « pelotes d'aiguilles », ou *leucospermum*, traduit un amour soudain et enflammé. « Tu as transpercé mon cœur » est son message passionné et sans équivoque.

Cœur serein

Posées sur une couronne échevelée de mimosa, des anémones 'Tetra' combinent leurs couleurs pour murmurer : « personne ne sait que je t'aime, mais je suis persuadé que tu partages mes sentiments ».

Beauté enchanteresse

La perfection sereine du gerbera associée à la légèreté vaporeuse de l'asparagus traduisent une profonde émotion en ces termes : « je t'ai rencontrée hier et depuis tu me fascines. Je ne cesse de penser à toi ».

Achimène
Agérate
Acacia
Alysse odorante
Amaryllis
Arbre d'argent
Cestrum
Cœur-de-Marie
Cosmos
Coucou
Crocus
Daphné
Datura
Glycine
Hellébore

la conquête

Pavot jaune
Passiflore
Ornithogale
Montbrétia
Pommier
Pied-d'alouette
Œillet de poète
Renoncule
Monarde
Lilas de Indes
Rose rose
Justicia
Ipomée
Sabot de Vénus

Acacia

« Je désire te plaire et te séduire »

La douce odeur de miel des fleurs de cet arbre exalte des sentiments intenses d'affection, et de séduction.
Dans le langage amoureux des fleurs du XIXe siècle, l'acacia marque une intention séductrice, la volonté de plaire. Même si elles ont une vie bien éphémère en vase, les fleurs de l'acacia possèdent un petit quelque chose d'irrésistible. Cela tient à la grâce naturelle de la grappe qui se balance au gré du vent, en exhalant un subtil parfum sucré où l'on retrouve des notes de miel et de vanille.

Cet arbre que l'on appelle « robinier » ou « faux acacia », car en botanique le genre *Acacia* désigne les mimosas, s'accommode de tous les jardins. Il symbolise aussi l'affection constante, l'amitié et l'attachement désintéressé. Il est donc possible de l'offrir sans arrière-pensée. Lorsqu'il est blanc pur, il loue l'élégance de la personne aimée, mais il peut aussi signifier un vœu de chasteté ou déclarer un amour purement platonique. Ne vous trompez pas !

Le saviez-vous ?

- Le bois du robinier est très dur, ce qui explique que les Pères pèlerins s'en soient servis pour bâtir les toutes premières maisons de la ville américaine de Boston.
- Les branches de robinier ont une valeur symbolique pour les francs-maçons. Ils en déposent quelques-unes sur le cercueil de leurs « frères » défunts.
- On fait de délicieux beignets avec les fleurs d'acacia. Mais, gare, les graines sont toxiques !

Sens dessus dessous

- La fleur retombante de l'acacia, qui évoque une beauté pensive, peut aussi être offerte à une personne qui hésite à se déclarer. On peut y voir la manifestation d'une certaine inquiétude dans l'évolution d'une relation.

CHEZ LE FLEURISTE > jamais proposé
DANS LE JARDIN > juin à juillet
COULEURS > blanc, rose, jaune pâle
NOM > *Robinia pseudoacacia*

Bien trop belle pour moi...

Achimène

« Tu as toutes les qualités »

Pour les Anglais, c'est le « berceau de Cupidon », fleur douce comme une caresse, prédestinée à l'amour. Fleur d'une grande délicatesse, que l'on cultive comme plante d'intérieur, l'achimène se pare d'une beauté fragile. Dans le langage des fleurs, il signifie : « tant de mérites est rare » et s'offre pour vanter les qualités d'une personne. Dans une signification amoureuse, l'achimène sera le présent idéal du dragueur de grande classe, qui avance ses arguments sans avoir l'air d'y toucher. Cette plante originaire d'Amérique centrale est une séductrice. Assez rarement proposé par les jardineries et les fleuristes, l'achimène est une bonne plante d'intérieur qui étonne assez pour attirer l'attention sur celui qui l'offre. Une coupe de trois achimènes de couleurs différentes sera préférée dans un message amoureux. Attention, les Anglo-Saxons l'appellent « larmes de veuve » ou « larmes de maman », évitez les variétés de couleur sombre.

Le saviez-vous ?

- Le nom *Achimenes*, vient du grec *chemainos*, qui signifie souffrir du froid, allusion à la frilosité de cette plante.
- Appartenant à la famille des Gesnériacées, les vingt-six espèces du genre *Achimenes* sont de proches parents des gloxinias *(Sinningia)* et des violettes du Cap *(Saintpaulia)*, plantes d'intérieur très communes.
- Feuilles et tiges duveteuses ne supportent pas d'être mouillées.

Sens dessus dessous

- L'achimène est parfois appelé « pensée à face de singe », car ses fleurs qui ressemblent à celles de la pensée se parent chez certaines variétés de rides et de diverses ponctuations. Évitez de les offrir dans une intention amoureuse…

CHEZ LE FLEURISTE > juin à octobre
DANS LE JARDIN > juin à octobre
COULEURS > rouge, blanc, pourpre, rose foncé
NOM BOTANIQUE > *Achimenes grandiflora*

Agérate

« Tu es mon bien le plus précieux »

Les petits pompons veloutés de l'agérate évoquent des pierreries posées sur une robe d'apparat.

Double témoignage d'admiration et d'amour dans le langage des fleurs du XIXe siècle, l'agérate était considéré comme une offrande précieuse. Il est vrai qu'à l'époque, cette petite plante annuelle originaire du Mexique n'était pas encore devenue l'excellente fleur de bordure qui pare les massifs des jardins de ville ou décore nos jardinières en été. Aujourd'hui, l'agérate est une plante très répandue, mais il a conservé toute la force de son message. Dans un but de séduction, il faut l'offrir en bordure généreuse d'une potée de cosmos multicolores. Associez l'agérate avec de l'alysse odorant pour renforcer l'intensité de votre missive, mais également pour dissimuler l'odeur peu agréable que la plante tout entière dégage lorsqu'elle est humide. Dans le cadre d'une relation purement amicale, offrir des agérates est une marque bien assurée de confiance et d'estime.

Le saviez-vous ?

- Le nom *Ageratum* signifie « sans âge », du grec, *a*, préfixe privatif, et *geras*, âge, allusion à la très longue durée de sa floraison.
- *Ageratum conyzoides*, une espèce africaine, est largement utilisé comme plante officinale. Son jus est appliqué sur les brûlures et les blessures comme bactéricide.
- Divers extraits d'agérate sont étudiés actuellement pour leurs effets insecticides, notamment sur les moustiques de la malaria.

C'est le bouquet !

- Pour renforcer le caractère amoureux que traduit l'agérate, il faut que les plantes soient offertes par six pieds au moins et dans un mélange de coloris. Plus les teintes sont douces, plus tendre est le sentiment.

CHEZ LE FLEURISTE > avril à mai
DANS LE JARDIN > mai à octobre
COULEURS > bleu, mauve, rose, blanc
NOM > *Ageratum houstonianum*

Alysse odorante

« Je suis saisi par ta beauté »

Cette petite annuelle tapissante au doux parfum sucré évoque une beauté toute simple et naturelle. Originaire d'Europe, cette adorable crucifère (Brassicacées) fleurit en abondance durant tout l'été. Dans le langage traditionnel des fleurs, cette plante rend hommage à la femme épanouie dans toute sa beauté et sa fraîcheur. Offrez l'alysse en bordure d'une coupe d'œillets rouges, pour donner plus de subtilité à votre message d'amour. Si votre intention est uniquement charnelle, signifiez-lui qu'elle a un corps superbe avec de l'alysse odorante. La plante va former une couronne au pied d'une ipomée écarlate palissée sur un tuteur, évocation d'une prochaine étreinte amoureuse. Pour teinter d'une marque de respect et de tendresse la célébration de la beauté de la dame de vos pensées, bordez d'alysse odorante une potée de lavandes, dans une composition en subtil camaïeu de teintes pastel.

Le saviez-vous ?

- Le mot « alysse » vient du grec *a*, préfixe privatif, et *lissa*, rage, certaines espèces ayant été réputées jadis pour apaiser la rage.
- L'alysse odorante est désormais dénommée *Lobularia* par les botanistes, diminutif du latin *lobus*, qui fait référence à la toute petite taille de ses fructifications.
- Le genre *Alyssum* comprend 168 espèces de plantes appréciées des jardiniers, en particulier la corbeille-d'or *(Alyssum saxatile)*.

Sens dessus dessous

- L'alysse odorante symbolise aussi dans le langage des fleurs la guérison, car on dit qu'elle soigne la « maladie d'amour » (blennorragie). La plante est aussi utilisée en Espagne comme antiscorbutique et diurétique.

CHEZ LE FLEURISTE > avril à mai
DANS LE JARDIN > mai à septembre
COULEURS > rose, blanc, mauve
NOM BOTANIQUE > *Lobularia maritima*

Amaryllis

« Ne me résiste pas »

D'une générosité et d'une beauté exceptionnelles, cette fleur est franchement irrésistible. Signifiant en grec « splendide » ou « éblouissant », le genre *Amaryllis* fait l'éloge du corps féminin. Sa symbolique est renforcée par le nom d'espèce *belladona*, qui signifie « jolie dame ». Mais il y a de la vigueur, de l'emphase, de la puissance dans cette fleur admirable. Dans le langage amoureux, elle décrète : « ne me résiste pas » ! Cette injonction est accentuée par le parfum très suave de la fleur, véritable invitation à l'amour où se mélangent les notes d'œillet, de lis et d'épices. Cette fragrance entêtante se dégage surtout le soir, ce qui renforce ses vertus érotiques. L'amaryllis belladone est une fleur à bulbe originaire d'Afrique du Sud, pays où l'homme l'offre très volontiers à une femme coquette dont il désire obtenir les faveurs.

La véritable amaryllis, qu'il ne faut pas confondre avec l'amaryllis d'intérieur (*Hippeastrum* x), beaucoup plus courante mais moins coquine, est une plante polissonne, dont un bouquet généreux peut masquer une aventure sans lendemain et signifier: « je préfère les amourettes plutôt que de m'engager ».

Le saviez-vous ?

- Amaryllis peut être un prénom féminin. Il sera fêté le 5 octobre, jour de la Sainte-Fleur.
- L'amaryllis belladone est la fleur associée à la Saint-Jérôme, qui se fête le 30 septembre.
- On appelle aussi l'amaryllis belladone « croix de Calatrava », car sa fleur ressemble à celle qui flottait sur les bannières des moines chevaliers qui, en 1212, boutèrent l'envahisseur maure hors du royaume d'Espagne.

« *Lorsque la belle amaryllis se montre et brille de toute la richesse de ses feux, le modeste lis se cache la tête.* »

(Anonyme)

CHEZ LE FLEURISTE > août à octobre
DANS LE JARDIN > août à octobre
COULEURS > rose vif, rose pâle, blanc
NOM BOTANIQUE > *Amaryllis belladona*

Le diamant de mon cœur…

Arbre d'argent

« Mon amour brille de toi »

Cet arbre très étonnant avec ses feuilles argentées fait la promesse d'une relation riche, intense.
L'arbre d'argent est un magnifique représentant de la famille des Protéacées, que l'on connaît peu en Europe, mais qui, en Afrique du Sud, représente un fort symbole de désir amoureux. Comme son feuillage qui luit au soleil, l'arbre d'argent clame : « mon amour flamboie, car tu brilles de mille feux ». C'est un arbre qui atteint 10 m de haut et dont la couleur étonnante est due à une pilosité argentée qui couvre entièrement le feuillage. Cela donne au feuillage un contact très agréable au toucher, qui invite sans ambages à des caresses exquises. On offre souvent des branches qui proviennent d'arbres femelles et sont munies de cônes très décoratifs. C'est un gage de sentiments durables, car elles sèchent naturellement et durent plusieurs mois en vase.

Le saviez-vous ?

- *Leucadendron argenteum* tolérant une température minimale de – 5 °C, il peut être acclimaté dans les régions côtières abritées.
- Les graines portées par les cônes femelles sont munies d'une touffe de poils soyeux qui leur sert de parachute pour une meilleure dispersion par le vent.
- Le duvet argenté qui couvre les feuilles du *Leucadendron* est destiné à réduire la transpiration pour résister à la sécheresse.

C'est le bouquet !

- Ajoutez à un bouquet de pousses d'arbre d'argent une belle fleur de protéa royal *(Protea cynaroides)*. Outre son message de majesté, de grandeur, elle est riche de promesses, exprimant : « mon cœur s'ouvre pour toi ».

CHEZ LE FLEURISTE > très rarement, en hiver
DANS LE JARDIN > toute l'année (arbre persistant)
COULEURS > feuillage argenté, fleurs crème
NOM BOTANIQUE > *Leucadendron argenteum*

Cestrum

« Fêtes galantes »

Avec ses fleurs très fines aux couleurs chaleureuses, et son parfum enivrant, le cestrum réveille les sens.

Arbustes très populaires dans les régions au climat doux, les cestrums sont appréciés pour leur port souple et gracieux. Ils portent un feuillage persistant et des fleurs tubulaires réunies en grappes généreuses. Offrir une branche fleurie de *Cestrum elegans* est toujours un signe de galanterie, un moyen anodin de tenter sa chance, sans risquer d'essuyer un refus.

La plante présentée en pot sera perçue comme une tentative de séduction marquée de respect, voire une proposition déguisée de relation purement charnelle. Le cestrum est par excellence la fleur des amants, surtout *Cestrum nocturnum*, le galant de nuit, qui exhale un puissant parfum de jasmin le soir venu. On l'appelle encore « dame de la nuit », ce qui évoque mille et un frissons sensuels, à l'image de sa fragrance. Le cestrum est aussi la fleur des amours de vacances, car on ne le rencontre guère que sur la Côte d'Azur...

Le saviez-vous ?

- On recense 175 espèces variées de *Cestrum*, toutes originaires des zones boisées tropicales et subtropicales d'Amérique du Sud.
- Appartenant à la famille des Solanacées, les cestrums renferment divers principes toxiques dont il faut se méfier.
- Les jeunes feuilles de *Cestrum latifolium* sont consommées comme légumes au Surinam.
- *Cestrum nocturnum* est actuellement expérimenté contre l'épilepsie.

C'est le bouquet !

- Si vous êtes un dragueur impénitent, associez cestrum et bougainvillée dans un bouquet dont les tiges s'enlaceront de manière charmante. C'est un message clair et net d'une invitation aux jeux de l'amour.

CHEZ LE FLEURISTE > en pot en mai
DANS LE JARDIN > avril à novembre
COULEURS > rouge, orange, jaune
NOM BOTANIQUE > *Cestrum spp.*

Si tu veux faire mon bonheur...

Cœur-de-Marie

« Offre-moi ton cœur »

Avec ses adorables petites fleurs suggestives, le cœur-de-Marie révèle l'amour passion. Extraordinaire évocation de l'organe qui symbolise nos sens les plus profonds, la fleur du cœur-de-Marie ne peut cacher vos sentiments. C'est une séductrice tout en tendresse et en raffinement. Une tige seule délivre ce message timide : « offre-moi ton cœur », tandis qu'un bouquet généreux de la même plante va vous engager dans un serment plus profond : « je te donne mon cœur ». L'innocence et la candeur s'expriment chez le cœur-de-Marie blanc, plante qui conviendra bien à la conquête hésitante des amours débutantes. Mais, attention, laissez bien la fleur dans sa position retombante naturelle. En effet, il suffit de la retourner pour que le cœur rosissant de timidité se transforme en une image phallique quasi indécente, qui fait éclater les sentiments en un désir charnel ardent. Cette fantaisie est à réserver à des amours déjà bien consommées, en guise de message torride…

Le saviez-vous ?

- Les Anglo-Saxons appellent le cœur-de-Marie « cœur saignant » et lui donnent une connotation d'amour malheureux.
- Le cœur-de-Marie, qui est originaire du Japon et de Sibérie, se montre insensible aux gelées.
- Le cœur-de-Marie est une plante assez toxique, dont le suc peut provoquer de fortes irritations sur les yeux et les muqueuses.
- Le nom d'espèce *spectabilis* fait l'éloge de la beauté de la fleur.

« *Toi, fais jouer*
dans nos torpeurs,
Par les parfums, les hystéries ;
Exalte-nous vers des candeurs
Plus candides que les Maries. »

(Arthur Rimbaud)

CHEZ LE FLEURISTE > avril et mai
DANS LE JARDIN > avril et mai
COULEURS > rose et blanc ou tout blanc
NOM BOTANIQUE > *Dicentra spectabilis*

Vous habitez chez vos parents ?

Cosmos

« Séduction ingénue »

Léger, très gracieux, froufroutant comme une jeune fille candide, le cosmos est une tendre fleur naturelle et ingénue.

Rayonnant comme une marguerite qui rosirait d'émotion, le cosmos est une fleur d'aspect champêtre au feuillage fin, très élégant. On l'utilise pour composer des bouquets charmants, qui expriment de façon modeste et discrète, on pourrait dire l'air de rien, des sentiments qui n'en sont pas moins forts. On offre des cosmos pour séduire, mais sans insister, comme si l'on craignait un refus. C'est la fleur qui vous donne l'occasion de tenter votre chance et advienne que pourra ! Le cosmos est bien la fleur du dragueur, qui, sous un abord innocent, sait très bien où il veut en venir. En raison de la riche palette de couleurs que décline cette fleur, il est possible de montrer plus ou moins d'ardeur dans le jeu de la séduction ou bien de mélanger toutes les teintes pour brouiller les pistes. Jolies dames qui recevez une gerbe de ces marguerites mexicaines, n'y voyez pas que de la candeur, il y a bien un message caché derrière cette simplicité. À vous d'en découvrir la vérité…

Le saviez-vous ?

- Même si la fleur du cosmos est étoilée, celui-ci doit son nom au grec *kosmos*, ornement, allusion à sa grande valeur décorative.
- En raison de son origine et de sa floraison qui se poursuit tard en saison, le cosmos est aussi appelé « aster du Mexique ».
- Le cosmos fait partie des fleurs comestibles. Avec sa saveur forte et épicée, il peut agrémenter une salade. Les variétés d'un rose foncé sont les plus goûteuses.

C'est le bouquet !

- Les cosmos tiennent bien en vase, à condition de les récolter au petit matin « à la fraîche » et de plonger immédiatement les tiges dans un bain d'eau bien froide. Ajoutez de la légèreté au bouquet avec des gypsophiles.

CHEZ LE FLEURISTE > mai à septembre
DANS LE JARDIN > juin à septembre
COULEURS > rouge, blanc, rose, mauve
NOM BOTANIQUE > *Cosmos bipinnatus*

Coucou

« *Beauté divine* »

Comptant parmi les primevères les plus précoces, le coucou fait admirer sa beauté simple et parfaite.
Évoquant le miracle du retour des beaux jours et l'explosion de la vie, le coucou est un moyen simple et gracieux de faire les premiers pas. Offrir un bouquet de coucous va coûter trois fois rien, mais peut rapporter beaucoup car cette fleur loue la beauté de la dame convoitée et va la séduire de ses gracieuses et innocentes fleurettes. Sous ses airs de sainte-nitouche, le coucou cache un polisson. Pour des amours adultères ou passagères, il délivre ce message secret : « attendons le moment propice pour nous aimer ». Ce n'est pas avec cette adorable primevère qu'il faut attendre un gage de fidélité. Les sentiments qu'elle génère peuvent s'évanouir aussi vite que la fleur qui ne vit qu'un printemps. Dans une relation bien établie, offrir un bouquet de coucous peut même sous-entendre un soupçon d'infidélité ou en être le présage. Entre amis, c'est une fleur que l'on offre pour signifier « mille pardons pour mon retard ».

Le saviez-vous ?

- Le coucou est associé à saint Paul, qui se fête le 29 juin.
- Il est toujours de coutume dans certaines régions de porter des coucous au cimetière après la messe des Rameaux (le dimanche qui précède Pâques).
- Le coucou doit son nom populaire au fait que sa floraison coïncide avec les premières notes du chant de l'oiseau homonyme.
- On appelle aussi les coucous « petites clés du paradis ».

« *Coucou des bois et des jardins,*
J'ai le cœur joyeux,
j'ai le cœur tranquille.
Coucou fleuri, coucou malin,
Je viendrai te cueillir demain.
J'ai le cœur joyeux,
j'ai le cœur tranquille,
De bon matin. »

(Robert Desnos)

CHEZ LE FLEURISTE > mars et avril
DANS LE JARDIN > mars et avril
COULEURS > jaune safran et jaune citron
NOMS BOTANIQUES > *Primula elatior, P. veris*

Crocus

« Rassure-moi de ton amour »

Tendre et charmant, précoce mais éphémère, le crocus délivre un joli message où perce de l'inquiétude. Comme une étrange alchimie, les premiers troubles de l'amour entraînent un désordre intérieur où l'émotion fait souvent place à l'anxiété. Et si mes sentiments n'étaient pas partagés ? Si les signes, les silences, les gestes, les regards ne se concrétisaient pas au travers de mots tendres ? Ne succombez pas au doux supplice et apaisez vos appréhensions avec un bouquet de crocus. Qu'elles soient bleues ou jaunes, ces fleurs qui s'épanouissent au tout début du printemps, mais aussi pour quelques-unes en automne, chuchotent : « surtout ne me laisse pas dans l'inquiétude, j'espère mais je crains ta réponse ». En bref : « m'aimes-tu vraiment ? » Avec des crocus rouges ou violets, on renversera les rôles en dévoilant : « j'ai peur de t'aimer ». Fleur inspiratrice de l'amour, le crocus sait jouer d'un soupçon de perversité, car, si vous mélangez toutes les couleurs, il va suggérer : « j'ai envie de te serrer contre moi ».

Le saviez-vous ?

- Les Grecs et les Romains employaient les crocus dans les parfums et les essences, qu'on laissait se diffuser là où se donnaient des divertissements. On en aspergeait même l'assistance, comme des gouttes de rosée !
- Le crocus blanc est associé à la Vierge Marie par sa couleur.
- La couleur d'or du crocus jaune symbolise aussi la charité.
- Le crocus est la fleur de la Saint-Valentin (14 février).

Sens dessus dessous

- Deux expressions populaires : « aller au safran », dépérir de tristesse, et « accommoder son mari au safran », dont le sens définitif est faire une infidelité, accroissent la signification mêlée d'inquiétude donnée au crocus à fleurs jaunes.

CHEZ LE FLEURISTE > décembre à mars
DANS LE JARDIN > février à mars
COULEURS > bleu, jaune, blanc, rouge
NOM BOTANIQUE > *Crocus spp.*

Daphné

« Désir de plaire »

Appelé aussi « bois joli », le daphné aime séduire, tant par ses fleurs qu'avec son parfum.

« Adorable poison » pourrait être le message transmis par cet arbuste enchanteur. Avec ses fleurs qui embaument à plusieurs mètres de distance et sa silhouette buissonnante bien ciselée, il a tout pour captiver. Mais c'est une vamp vénéneuse, dont les toxines peuvent tuer. Offrir un daphné se fait dans un but de conquête. L'intention est de faire voler en éclats les dernières barrières, la belle étant enivrée par un nuage de parfum à l'effet étourdissant. C'est de la drague à la hussarde, mais qui conserve un zeste d'élégance et une pointe de raffinement, car la fleur est remarquable de beauté. Il y a toujours un sous-entendu de perfidie dans le daphné, plante à laquelle on attribue pourtant le même symbole glorieux que le laurier (qui portait d'ailleurs le nom « daphné » dans la Grèce antique). Lorsqu'elle est offerte sous forme d'un petit brin fleuri, cette plante est une simple marque de gentillesse.

Le saviez-vous ?

- Les baies de *Daphne mezereum* contiennent deux toxines qui provoquent des brûlures, des ulcérations de la bouche et de l'estomac avec des crampes. Une douzaine de baies seront fatales.
- Chez les personnes sensibles, le parfum suave, pénétrant, a un effet narcotique (assoupissant). Il peut provoquer des maux de tête et l'irritation du nez.
- Daphné est un prénom féminin qui sera fêté le 5 octobre.

La petite histoire

- Daphné était une nymphe aimée d'Apollon. Pour la soustraire à la jalousie de Junon, il changea Daphné en arbuste ressemblant à un laurier, plante symbole de sa puissance et de sa gloire, mais qu'il dota d'un parfum féminin.

CHEZ LE FLEURISTE > mars à avril en pot
DANS LE JARDIN > février à avril
COULEURS > rose, mauve, blanc
NOM BOTANIQUE > *Daphne odora, D. mezereum*

Datura

« Une séduction vénéneuse »

La fleur du datura est une redoutable empoisonneuse. On l'offre pour dire : « tu es belle mais dangereuse ».

Indolente beauté aux courbes tentatrices, l'élégante clochette du datura se languit sous un feuillage sombre. À l'entrée de la nuit, elle se ranime, déployant ses charmes dans un parfum qui enivre, au point, dit-on, d'asphyxier ceux qui le respirent. Pareille à une perverse enchanteresse aux artifices trompeurs, cette beauté vénéneuse joue avec finesse sur la nature réelle des sentiments. Est-ce vraiment de l'amour ou une envie d'amour ? Offrir un datura, c'est avouer un trouble profond teinté de crainte. L'amoureux impatient redoute de se faire dévorer par la mante ou de se trouver entraîné dans une aventure dont il appréhende les conséquences. Plante opulente et d'une beauté exquise, c'est l'offrande d'un amant conquérant qui se fera sans doute brûler les ailes, mais qu'importe le prix de la volupté...

Le saviez-vous ?

- Plante très toxique, le datura est doté de propriétés médicinales précieuses contre l'asthme, les maladies des bronches, et pour soulager les spasmes musculaires de la maladie de Parkinson.
- On disait jadis dans la Drôme : « si une fille touche au datura, elle aura un mari boiteux ».
- En Inde, le datura sert dans les préparations de narcotiques destinés à provoquer des rêves étranges, voire hallucinogènes.

Sens dessus dessous

- Surnommé « herbe du diable », « pomme du diable », « pomme épineuse » ou « herbe aux sorciers », le datura stramoine, en association avec la belladone et la jusquiame, entrait dans le funeste « onguent des sorcières ».

CHEZ LE FLEURISTE > mai à juillet en pot
DANS LE JARDIN > mai à octobre
COULEURS > blanc, rose, violacé
NOM BOTANIQUE > *Brugmansia arborea*

Glycine

« Je réclame ton amour »

Avec ses rameaux qui s'enlacent dans une caresse suggestive, la glycine exalte l'amour fort.

Puissante liane à laquelle rien ne résiste, pas même les colonnes de pierre qu'elle peut briser dans son étreinte implacable, la glycine est une offrande impérieuse. « Je veux t'aimer », « il faut que tu m'aimes » et à la limite : « tu me céderas de gré ou de force » ! Il n'y a rien d'innocent dans cette plante spectaculaire dont les grappes exhalent un parfum délicat et sucré qui éveille les sens. Le nom « glycine » évoque d'ailleurs cette fragrance suave, *glukis* signifiant « doux » en grec. La connotation amoureuse de la glycine existe depuis l'Antiquité, puisque les Grecs et les Romains

portaient souvent sur eux des petits morceaux de rameaux, supposés préserver l'amour conjugal. Dans un esprit de conquête, utilisez surtout la glycine à fleurs violettes, qui évoque un espoir de liaison. Quant à la blanche d'origine japonaise, elle exprime plutôt l'amitié.

Le saviez-vous ?

- Dans le langage des fleurs chinois, la glycine dit : « votre amitié m'est douce et agréable ». Plus exhaustif, le langage des fleurs européen lui a donné pour expressions la confiance réciproque et l'amitié précieuse.
- La signification symbolique de la glycine est bien exprimée par son comportement naturel. Sa présence évoque bien : « je m'accroche à vous » ou bien « votre amitié me ravit ».

« *À mon balcon, cette glycine*
Tord ses bras fleuris dans le soir
Avec le tendre désespoir
D'une princesse de Racine… »

(Edmond Rostand)

CHEZ LE FLEURISTE > octobre à mars, en pot
DANS LE JARDIN > avril à mai, puis septembre
COULEURS > mauve, bleu violacé, blanc
NOMS BOTANIQUES > *Wisteria sinensis, W. japonica*

Hellébore

« Apaise mon anxiété »

Séducteur de talent avec ses fleurs qui bravent les frimas, l'hellébore symbolise l'incertitude amoureuse.
Cette plante, que l'on appelle aussi la « rose de Noël » parce qu'elle commence à fleurir au cœur de l'hiver, est chargée d'un message très fort. Un bouquet d'hellébores signifie : « ôte-moi mon angoisse, ne me laisse pas dans l'anxiété ». C'est la recherche d'une confirmation et d'une approbation. Sa fleur, adorable, cherche à séduire, mais impose une réponse.
Vous transmettez le même message avec l'hellébore de Corse *(Helleborus corsicus)*, mais gardez-vous bien d'offrir de l'hellébore fétide *(Helleborus foetidus)*. Avec son odeur âcre, il dit : « tu es horrible, je ne t'aime pas ! »
Dans une relation bien aboutie, tentez un joli bouquet d'hellébores orientaux dont les couleurs sont subtilement nuancées. Le message plutôt coquin est une invitation à explorer le *Kama-sutra*... La rose de Noël évoque aussi le scandale et la calomnie, car, sous ses dehors enchanteurs et innocents, elle cache dans ses racines un poison violent.

Le saviez-vous ?

- Le nom « hellébore » semble venir du mot « hélibar », un remède contre la folie. « Aliboron » désignait l'hellébore, plante qui passait pour une panacée au Moyen Âge. Un maître aliboron était une personne prétentieuse, qui se vantait de tout connaître, et aussi le médecin de l'époque.
- L'hellébore est aussi appelé « herbe aux fous ». On a cru pendant des siècles qu'il était capable de guérir de la folie.

« *J'ai cueilli la rose de Noël*
La fleur de givre la fleur de gel
Pétale blanc vole blanche neige
Pétale d'or à ma fleur de rêve
Et c'est le temps du renne tout blanc
Et c'est le temps du traîneau d'argent
Voici venir Noël ! »

(F. Moreau)

CHEZ LE FLEURISTE > novembre à avril
DANS LE JARDIN > décembre à mai
COULEURS > blanc, rose, pourpre, rouge, saumon, souvent tacheté
NOM BOTANIQUE > *Helleborus spp.*

Collés, serrés...

Ipomée

« Je m'attache à toi »

Volubile, très légère, gracieuse, l'ipomée recherche un appui pour ses tiges d'aspect fragile. Langoureuse, mais surtout pas languissante, l'ipomée est une séductrice implacable dont les longs bras souples et caressants finissent toujours par conquérir l'objet de son choix. Elle joue de ses charmes, puis s'insinue tout en douceur et avec opiniâtreté. Son proche parent le liseron des haies en fait tout autant et transmet le même message. Fleurs conquérantes à la fois subtiles et puissantes, ipomée et liseron témoignent d'une envie de plaire et transmettent votre affection. Elles suggèrent également vos envies de caresses et, lorsque les fleurs sont écarlates, ces lianes invitent à l'étreinte amoureuse. Promesse d'une relation durable et passionnée, ipomée et liseron s'attachent à vous en douceur et en beauté.

Le saviez-vous ?

- L'ipomée est aussi appelée « gloire du matin », car elle ouvre ses premières fleurs dès 3 h.
- Les propriétés psychotropes de l'ipomée lui valent une sérieuse réputation d'aphrodisiaque.
- La patate douce est une ipomée rapportée en Europe par Christophe Colomb, puis introduite en Afrique par les Portugais, où elle est devenue un des légumes de base de l'alimentation des populations.

« *Je vis pour la première fois sur les marges du chemin du liseron en fleurs. Ces clochettes roses, délicatement rayées de blanc, me frappèrent beaucoup. Ma mère m'ouvrait instinctivement le monde du beau.* »

(George Sand)

CHEZ LE FLEURISTE > graines toute l'année
DANS LE JARDIN > mai à octobre
COULEURS > rouge, blanc, rose, mauve, pourpre
NOMS BOTANIQUES > *Ipomoea purpurea, I. coccinea*

Belle, un mot composé pour elle...

Justicia

« Tu es la perfection même »

Distinguée, originale, délicate et souple, l'inflorescence du justicia évoque bien le charme féminin. D'origine mexicaine, cette plante buissonnante, que l'on appelle couramment « bélopérone », symbolise l'archétype du magnétisme féminin. Ses gracieux épis arqués, qui rosissent comme les joues d'une jeune fille timide, évoquent une chaîne de petits cœurs en corail que l'on porterait volontiers en pendentif. Élégante, raffinée, tout en légèreté et en fluidité, l'inflorescence est composée comme un bijou finement ciselé. C'est un joyau végétal que l'on offre pour célébrer la beauté de celle qu'on aime, tout en cherchant à conquérir définitivement son cœur. On retrouve une forte symbolique amoureuse dans le nom « bélopérone » qui vient du grec *belos*, projectile, et *perone*, pointu, évocation de la flèche de Cupidon. Il est vrai que chaque bractée qui accompagne les fleurs peut faire penser à la forme d'un fer de flèche destinée à transpercer le cœur de votre belle.

Sens dessus dessous

- Le genre *Justicia* a été nommé ainsi en 1753 par Karl von Linné, en l'honneur de James Justice, un jardinier écossais (1698 - 1763).
- On dénommait jadis les espèces du genre *Justicia* « carmantines » ou « camarantines ».
- Appelé « plante crevette », *Justicia brandegeana* est aussi dénommé « faux houblon ».
- La « plume brésilienne » *(Justicia carnea)* est une plante d'intérieur assez courante.

Le saviez-vous ?

- Les Américains appellent « saule aquatique » *Justicia americana*, qui vit en Californie, en raison de la ressemblance de sa feuille avec celle du saule. C'est une plante des marais, considérée comme une peste. À ne pas offrir !

CHEZ LE FLEURISTE > toute l'année
À LA MAISON > mars à novembre
COULEURS > rose saumoné et blanc
NOM BOTANIQUE > *Justicia brandegeana*

Lilas des Indes

« Coquetterie et séduction »

Petit arbre à la floraison estivale très spectaculaire, le lilas des Indes est aussi appelé « folie des filles ».
Avec ses généreux bouquets de fleurs chiffonnées aux couleurs intenses, le lilas des Indes, ou « lilas d'été », est un charmeur, un séducteur né, réputé détenir le pouvoir d'ensorceler la gent féminine. Bien qu'il ne possède pas le parfum profond et puissant du véritable lilas *(Syringa vulgaris)*, son originalité et sa générosité font craquer les cœurs tendres. Il y a toutefois un petit côté « coup de bluff » dans l'offrande d'une gerbe de lilas des Indes, qui n'aura pas échappé au dragueur impénitent. Il faut profiter rapidement de l'effet saisissant du bouquet pour faire chavirer le cœur de la belle, car les fleurs tiennent peu de temps en vase. C'est pourquoi le lagerstroemia en fleurs coupées est souvent considéré comme un témoignage de coquetterie, une beauté artificielle qui nous fait chavirer, mais pour quelques instants seulement.

Le saviez-vous ?

- Les Anglais appellent *Lagerstroemia indica* « myrte de crêpe », en raison de ses fleurs froissées, ou « myrte chinois crépu ». Le nom « myrte » se rapporte à la ressemblance assez forte entre le feuillage des deux plantes.
- Le bois de *Lagerstroemia speciosa* est solide et imputrescible, ce qui le fait utiliser dans les régions tropicales comme traverses de chemin de fer, et en construction navale, ébénisterie, tonnellerie.

La petite histoire

- Karl von Linné a dédié le genre *Lagerstroemia* à son compatriote Magnus von Lagerstrœm (1696-1759), qui découvrit cet arbuste en Inde. Mais la plante était déjà cultivée depuis des siècles en Chine, son pays d'origine, pour l'ornement des temples.

CHEZ LE FLEURISTE > octobre à mai en pot
DANS LE JARDIN > juillet à septembre
COULEURS > rouge, blanc, mauve, rose
NOMS > *Lagerstroemia indica, L. speciosa*

Monarde

« Tu es d'une beauté divine »

Rouge écarlate comme la passion, la fleur ravissante de la monarde célèbre la beauté féminine.
Évoquant des plumes d'allégresse piquées dans un chapeau rond, les inflorescences de la monarde font exploser les sentiments. Cette fleur fendue en deux (c'est la signification du nom d'espèce *didyma*), comme le cœur de celui qui l'offre, est une séductrice qui déclare : « tu es la plus belle ». On appelle parfois la monarde « baume d'abeille », parce que les butineuses viennent s'enivrer de son nectar aux subtiles essences mentholées et citronnées. Pour l'amoureux transi, c'est un baume d'amour, que l'on offre dans un espoir de conquête, espérant que la belle va succomber sous le charme et l'intensité du bouquet. Les fleurs de la monarde, comme celles de nombre de Lamiacées, évoquent des têtes à la bouche béante, dont les lèvres brûlantes semblent toutes prêtes à voler un baiser. Un symbole supplémentaire d'amour ardent, qui n'attend qu'un signe pour vous dévorer…

Le saviez-vous ?

- Le nom « monarde » a été donné à la plante par Linné en 1753, en hommage au botaniste espagnol Nicholas Monardes (1493-1588), auteur en 1571 de la première flore des plantes médicinales d'Amérique du Nord.
- La monarde s'utilise en infusion sous le nom de « thé d'Oswego ». Oswego est un port américain situé sur le lac Ontario. Une tribu d'Indiens portait aussi ce nom et utilisait la plante comme calmant.

« *…Il recueillit ainsi une certaine quantité de pousses de basilic, de romarin, de mélisse, de bétoine, etc. (…) Il put y joindre une notable quantité de monardes didymes, qui sont connues dans l'Amérique septentrionale sous le nom de " thé d'Oswego ".* »

(Jules Verne, *l'Île mystérieuse*)

CHEZ LE FLEURISTE > juin à septembre
DANS LE JARDIN > juin à septembre
COULEUR > rouge écarlate
NOM BOTANIQUE > *Monarda didyma*

Belle à craquer…

Montbrétia

« Tu as un corps de rêve »

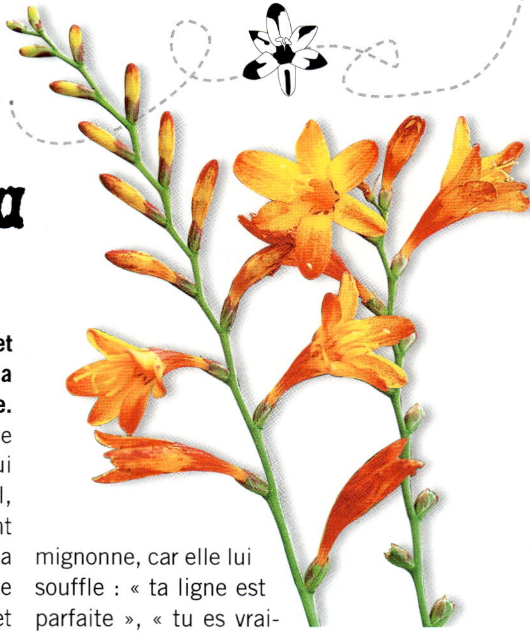

Associant beauté fragile, grâce et perfection des lignes, le crocosmia suggère que vous êtes la plus belle. Apparaissant au beau milieu d'une touffe de feuilles longilignes qui ressemblent à celles du glaïeul, l'inflorescence très gracieusement courbée du montbrétia évoque la souplesse et le galbe sensuel de l'idéal féminin. À la fois légère et opulente, la longue hampe florale, qui peut atteindre 1 m de haut, conjugue le verbe ensorceler à tous les temps. Un bouquet de montbrétias est destiné à briser les tout derniers remparts de résistance d'une adorable coquette, beauté fragile qui tarde à succomber à vos avances. C'est la fleur rêvée pour la victoire, qui va vous annexer la mignonne, car elle lui souffle : « ta ligne est parfaite », « tu es vraiment la grâce personnifiée ». Lorsque la fleur est choisie dans les tons orangés ou abricot, le message reste très respectueux et emprunt d'un soupçon de timidité. Si vous choisissez une variété d'un rouge ardent comme 'Lucifer', vous dites clairement : « tu as la beauté du diable », ou en langage d'aujourd'hui : « tu es d'enfer » !

Le saviez-vous ?

- Le nom *Crocosmia* signifie littéralement « qui sent le safran », du grec *krokos*, safran, et *osmê*, odeur. Les fleurs séchées, puis immergées dans l'eau, dégagent une puissante odeur safranée.
- Le nom « montbrétia » a été donné en l'honneur du botaniste français Gustave Coquebert de Montbret (1805-1837).
- Les sept espèces de *Crocosmia* sont toutes originaires d'Afrique du Sud. Famille : Iridacées.

La petite histoire

- *Montbretia* était une corvette norvégienne, qui s'échoua près de Belfast le 21 janvier 1942. Ce navire servait d'escorteur à des sous-marins, avec d'autres bateaux similaires : *Potentilla*, *Églantine*, *Rose* et *Acanthus*.

CHEZ LE FLEURISTE > juin à septembre
DANS LE JARDIN > juillet à septembre
COULEURS > orange, rouge, jaune, abricot
NOM BOTANIQUE > *Crocosmia* x *crocosmiiflora*

Œillet de poète

« Désir de plaire, galanterie, finesse »

Avec ses beaux bouquets généreux composés de petites fleurs délicates, l'œillet de poète chante l'amour.
Il y a un évident désir de plaire dans l'offrande d'un plantureux bouquet d'œillets de poète. Les fleurs simples, finement ciselées, sont réunies en opulentes têtes plates qui cherchent à attirer les faveurs sans ostentation. Elles délivrent un message de galanterie teintée d'admiration et affirment avec élégance et finesse votre constance et vos aspirations. Avec son cœur blanc pur brodé dans une robe froufroutante aux couleurs flamboyantes, l'œillet de poète ménage la chèvre et le chou. Cette fleur dévoile vos sentiments, tout en conservant une prudente distance qui évite le refus cinglant. Laissez deviner une certaine humilité avec les variétés aux teintes pastels, et affirmez de l'ardeur marquée d'un brin de supériorité en choisissant des nuances fortes. Avec un bouquet en mélange de couleurs, vous vous abandonnez aux caprices de la belle, disant : « je suis ton esclave » !

Le saviez-vous ?

- Le parfum de l'œillet de poète est proche de celui de la giroflée. Les Italiens les appellent *« garofalo »*. Le peintre Benvenuto Tisi (1481-1559), qui était surnommé « Il Garofalo », signait tous ses tableaux avec un œillet de poète.
- On dit que l'œillet de poète symbolise le dédain parce qu'un poète sifflé paraît humble et dédaigné, tandis qu'il se bouffit d'orgueil et devient dédaigneux lorsqu'il est applaudi.

« *En voyant ces œillets*
qu'un illustre guerrier,
Cultive d'une main
qui gagna les batailles,
Souviens-toi qu'Apollon
a bâti des murailles
Et ne t'étonne plus
que Mars soit jardinier. »

(Mlle de Scudéry)

CHEZ LE FLEURISTE > avril à juillet
DANS LE JARDIN > juin à juillet
COULEURS > rouge, rose, blanc
NOM BOTANIQUE > *Dianthus barbatus*

Ornithogale

« Tu es ma source de joie »

L'adorable petite fleur étoilée de l'ornithogale annonce des bons moments et des plaisirs intenses.

S'ouvrant comme un présage bienveillant du destin, la précieuse corolle argentée ou bien laiteuse de l'ornithogale est une missive d'amour contenu où percent à la fois désir et pureté. Dans le langage classique des fleurs, il dit : « tu es ma source de joie ». Sous-entendu : « je pense à toi tout le temps et cela me rend heureux ». Tendre, discret, distingué, le bouquet d'ornithogales fait montre de votre classe. Comme son doux parfum qui s'évanouit à peine épanché, il y a de la timidité dans le message de cette fleur, que l'on appelle aussi « épi de la Vierge » en raison de sa teinte immaculée. C'est une fleur facile à offrir, y compris à une toute jeune fille, car il n'y a pas la moindre connotation charnelle dans sa symbolique, tout juste une petite inclination à céder à la tentation.

Dans une relation orageuse ou entre amis, offrir des ornithogales est un signe de réconciliation.

Le saviez-vous ?

- L'ornithogale aurait été cueilli au firmament par l'archange Michel, qui le planta en terre, donnant naissance à une fleur appelée « étoile de Bethléem ».
- On l'appelle aussi « dame de onze heures » ou « belle de onze heures », car la fleur s'ouvre vers onze heures du matin.
- *Ornithogalum pyrenaicum* est aussi appelé « aspergette ». Ses jeunes pousses comestibles ont une saveur rappelant l'asperge.

« *Belle endormie,*
Tu es l'étoile de Noël,
Tombée du ciel au printemps. »

(Anonyme)

CHEZ LE FLEURISTE > avril à juillet
DANS LE JARDIN > mai à juillet selon les espèces
COULEURS > blanc, blanc rayé de vert, gris argenté, jaune (plus rare)
NOM BOTANIQUE > *Ornithogalum umbellatum*

Passiflore

« Crois en ma passion »

Liane à la vigueur conquérante, la passiflore symbolise le début d'un amour intense et sulfureux.

Il y a un côté mystique dans cette plante grimpante tropicale aux pièces florales très étranges mais ravissantes. La passiflore évoque dans le langage classique des fleurs les croyances et les superstitions religieuses. Elle a pris de nos jours une connotation beaucoup plus sentimentale. Lorsqu'elle est blanche, c'est un message d'amour à délivrer discrètement à sa dulcinée pour lui murmurer : « je t'aime avec passion, sans oser te l'avouer ». On transmet la même pensée avec une passiflore jaune ou violette, ou avec la très spectaculaire *Passiflora quadrangularis*, mais avec, en plus, une notion de souffrance : « tu es cruelle de ne pas me répondre », « j'ai le mal de toi ». Mais, quelle que soit sa couleur, il y a de la confiance et de l'espoir dans cette fleur qui est aussi l'image de la fidélité.

Le saviez-vous ?

- La passiflore se pare d'un cercle de filaments roses, pourpres et violets qui symbolise la couronne d'épines de la Passion de Jésus-Christ. Les trois styles du pistil évoquent les clous qui le fixèrent sur la croix, l'ovaire rappelle le marteau qui les planta, les feuilles terminées par trois pointes figurent la lance qui perça son flanc, les vrilles le fouet qui le flagella et les cinq étamines les plaies qu'il portait sur le corps.

« *Passiflore d'azur*
Enclume aux papillons
Vis-tu bien dans la fange du temps ?
Claire étoile bleue
Ombilic de l'aurore
Vis-tu bien dans l'écume
de l'ombre ? »

(Federico Garcia Lorca)

CHEZ LE FLEURISTE > mars à mai en pot
DANS LE JARDIN > juillet à septembre
COULEURS > blanc, bleu, jaune, rouge
NOM BOTANIQUE > *Passiflora spp.*

Tout au bout de nos rêves...

Pavot jaune

« Espoir d'amour »

Avec ses fleurs diaphanes couleur d'or, ce pavot offre la perspective de jours heureux et d'un amour fort. Dans le langage des fleurs, la couleur jaune est souvent un vecteur de jalousie, voire de tromperie, une couleur dont les amants savent se méfier. Mais les pavots jaunes sont si francs, si riches, si lumineux qu'ils véhiculent un message bien plus heureux. C'est l'espérance d'être aimé, l'attente d'un signe d'encouragement, l'enthousiasme de la jeunesse conquérante, la fraîcheur d'un amour neuf, vibrant et chaleureux. Un bouquet de pavots jaunes s'offre en une gerbe très avantageuse, dans un arrangement aussi simple que possible pour mettre en évidence la souplesse et la transparence de la fleur. Il sera attaché avec un ruban vert, couleur de l'espérance, ou par quelques tiges de lierre qui renforcent votre message en affirmant votre attachement et la sincérité profonde de vos sentiments.

Le saviez-vous ?

- *Meconopsis cambrica*, n'est pas un véritable pavot jaune, mais il leur ressemble tant qu'il peut aussi être utilisé comme message d'espérance d'amour. Il fleurit de juin à septembre dans les prairies humides de l'Ouest européen.
- *Papaver nudicaule*, ou pavot d'Islande, est le pavot jaune le plus cultivé dans nos jardins. On l'appelle aussi « pavot arctique », car son biotope s'étend jusqu'aux confins du cercle polaire.

« *Heureux, cent fois heureux,*
animaux qui dormez
Sans manger du pavot,
qui tous les sens assomme !
J'en ai mangé, j'ai bu son jus oublieux,
En salade, cuit, cru et toutefois
le somme ne vient par sa froideur
s'asseoir dessus mes yeux. »

(Pierre de Ronsard)

CHEZ LE FLEURISTE > mai à août
DANS LE JARDIN > juin à août
COULEURS > toutes les nuances de jaune
NOMS BOTANIQUES > *Papaver alpinum, P. nudicaule*

Pied-d'alouette

« Mon cœur t'est ouvert »

Aérien, gracieux, frémissant sous le vent, le pied-d'alouette est l'image d'un cœur conquérant et disponible. Avec ses longs épis souples où se suspendent de mignonnes corolles aux couleurs délicates, le pied-d'alouette est une fleur souriante, caressante, faite pour l'amour. Un bouquet tout simple confie : « je t'ouvre mon cœur » ou « lis dans mon cœur », ce qui manifeste des marques de désir, d'attachement et de disponibilité, ombrées d'une pointe de timidité. L'aspect léger de la fleur du pied-d'alouette se pare d'un petit côté frivole qui peut indiquer : « tu es légère », tant au propre qu'au figuré. Il y a donc de l'ambiguïté, voire du libertinage, dans l'expression de cette fleur qu'il faut utiliser avec précaution. Lorsque la couleur du pied-d'alouette se rapproche du rose carné, ou prend une tonalité très pâle, il exprime de l'inconstance, qui peut dévaluer vos sentiments au simple rang de l'amourette…

Le saviez-vous ?

- On pensait que les graines de pied-d'alouette détruisaient la vermine, d'où son appellation populaire d'« herbe aux poux ».
- Jetée à un serpent ou à un scorpion, la plante était supposée rendre l'animal inoffensif.
- Le nom « pied-d'alouette » est dû à la forme de la fleur qui évoque à sa base une patte d'oiseau.
- *Consolida* est un mot du XVIe siècle, car les chirurgiens lavaient les plaies des fractures avec la plante.

La petite histoire

- *Consolida ajacis* est la fleur d'Ajax. Après la mort d'Achille pendant la guerre de Troie, il souhaitait porter l'armure du défunt, mais on l'offrit à Ulysse. Ajax, dépité, se donna la mort et son corps se transforma en pieds-d'alouette.

CHEZ LE FLEURISTE > mai à août
DANS LE JARDIN > juin à septembre
COULEURS > rose, blanc, bleu
NOM BOTANIQUE > *Consolida ajacis*

Le regard qui tue...

Pommier

« Succomber à la tentation »

La fleur du fruit défendu a conservé toute sa symbolique chrétienne. Hélas, la chair est faible !
Considéré depuis l'Antiquité comme un fruit magique doté de nombreux pouvoirs d'envoûtement, la pomme est le fruit de la tentation, donc du désir. La fleur du pommier, dont le bouton rosit d'émotion sous les premières caresses du printemps, est une séductrice charmante, presque innocente, mais qui ouvre son cœur avec un petit peu trop de facilité pour être tout à fait honnête. La fleur du pommier épanouit très vite sa corolle, comme si elle dévoilait ses charmes au premier venu. On l'offre volontiers pour extérioriser sa bonne fortune, lorsque la belle a succombé dès les premiers assauts...
Qu'il soit présenté sous forme de fruits ou de fleurs, le pommier est un coquin qui ne se pare guère de sentiments. À l'évidence, il y a une forte connotation aventureuse, pour ne pas dire franchement charnelle, dans les intentions de celui qui les offre.

Le saviez-vous ?

- Les jeunes filles, jadis, jetaient une pelure de pomme par-dessus leur tête pour prédire si elles trouveraient un mari ou non. La peau devait demeurer entière et former l'initiale de leur futur.
- Rêver de pommes serait prémonitoire d'une longue vie, de la réussite en affaires mais aussi de la fidélité en amour.
- Aux États-Unis, la fleur de pommier est l'emblème des États de l'Arkansas et du Michigan.

« *Comme un pommier parmi les arbres de la forêt, tel est mon bien-aimé entre les garçons. À son ombre, selon mon désir, je me suis assise, et son fruit est doux à mon palais.* »

(*Le Cantique des cantiques*)

CHEZ LE FLEURISTE > octobre à mars en pot
DANS LE JARDIN > avril (fleurs) à septembre (fruits)
COULEURS > rose et blanc (fleurs), vert, jaune, rouge et bicolore (fruits)
NOM BOTANIQUE > *Malus* x *domestica*

Tu as de si beaux yeux, tu sais...

Renoncule

« Tu es radieuse et charmante »

Éclatante, colorée, spectaculaire, la renoncule est une fleur radieuse qui délivre un doux compliment.

Le cœur serré, entouré d'une robe de gitane aux innombrables volants, la fleur de la renoncule est une beauté affriolante aux mille et une couleurs très lumineuses et brûlantes. Le moindre bouquet de renoncules des fleuristes en mélange de coloris est un compliment sans ambages : « tu es belle, radieuse, charmante, éblouissante ». Le langage des fleurs classique disait : « vous brillez de mille attraits ». Le message ne manque pas d'enthousiasme et dissimule aussi quelques avances plus osées, car il sous-entend : « tu as un beau corps », exprimant de manière délicate, mais significative, un bouillant désir. Composé de fleurs rouges, le bouquet de renoncules clame : « je t'aime plus que te ne penses » ou « ai-je trouvé grâce à tes yeux ? » À la dame de se dévoiler en rendant négligemment quelques pétales à son amoureux transi.

Le saviez-vous ?

- Le mot « renoncule » signifie « petite grenouille », du latin *rana*, grenouille, certaines renoncules étant aquatiques. Déjà dans l'Antiquité, Pline avait donné ce nom à la plante. On l'appelle aussi parfois « grenouillette ».
- La renoncule a été appelée « gobelet du diable » en raison de ses propriétés toxiques.
- La renoncule asiatique a été introduite en France par les croisés de Louis IX (Saint Louis).

« *Renoncule, douce étoile des prés,*
Ton joli bouton satiné
Qui sourit comme l'innocence
Recèle un suc empoisonné
Et souvent blesse l'imprudence.
Renoncule, fleur de l'impatience,
Pourquoi as-tu cette beauté ? »

(Anonyme du XIXe siècle)

CHEZ LE FLEURISTE > novembre à mai
DANS LE JARDIN > avril à juin
COULEURS > rouge, jaune, blanc
NOM BOTANIQUE> *Ranunculus asiaticus*

T'es « too much » !

Rose rose

Beauté épanouie

Comme l'image sublimée de la sensualité et de la féminité, la rose, lorsqu'elle s'habille de rose, n'est que pure beauté.

Au XIXe siècle, dans le langage des fleurs, on décrit la rose rose comme ayant « la couleur d'une vierge rougissante ». Elle est idéalisée par la fameuse variété 'Cuisse de nymphe émue', qui évoque bien toute la symbolique charnelle de cette fleur aux tons carnés. Du moment que les roses sont roses, peu en importe la forme ! Elles célèbrent bien l'apogée de la beauté et honorent la femme femme dans toute sa plénitude. Plus la teinte de la fleur est claire et plus elle dévoile vos sentiments à demi-mot, mélangeant la tendresse, l'espoir d'être aimé et la joie d'être amoureux. Un bouquet de roses roses est toujours une preuve de délicatesse. Lorsqu'elles sont offertes en boutons, c'est l'image d'un amour naissant, l'espoir de conquérir la belle. Dans un bouquet composé, les roses roses viennent renforcer la nature du message et des sentiments exprimés par les autres fleurs.

Le saviez-vous ?

- Rose est un prénom féminin qui se fête le 17 janvier ou bien le 23 août, de même que les Rosalie, Rosaria, Rosine, Roseline, Rozen, Roselyn, Rosy, Romy ou Rosalinde.
- Le 30 août, qui est le jour de la Saint-Fiacre, on fête aussi sainte Rose de Lima, patronne de l'Amérique latine mais aussi des jardiniers et des fleuristes.
- La rose rose s'offre volontiers lors d'une soirée de fête.

« *Vous dont la gloire est d'être belle,*
D'un sexe aimable jeune fleur,
Prenez la rose pour modèle ;
Son éclat naît de sa pudeur.
Cet ornement de la nature
Se cache sous un arbrisseau
Et pour garder sa beauté pure,
Arme d'épines son berceau. »

(De Leyre)

CHEZ LE FLEURISTE > toute l'année
DANS LE JARDIN > juin à octobre
COULEURS > toutes les nuances de rose
NOM BOTANIQUE > *Rosa* x *hybrida*

Sabot de Vénus

« Tu as une prestance sublime »

Considérée comme le petit chausson des fées, cette délicate orchidée loue l'élégance féminine.

Dans le langage traditionnel des fleurs du XIXe siècle, le sabot de Vénus déclare : « vous avez une démarche divine ». C'est la fleur du compliment raffiné, qui célèbre la beauté, mais aussi l'allure et les manières de la personne convoitée. Cette orchidée, à la fois étrange et ravissante, est un artifice précieux de la conquête amoureuse, présent délicat et rare qui brise les cœurs les mieux armés.

Qu'elle soit appelée « pantoufle d'Aphrodite » ou encore « sabot de Vénus », cette fleur qui doit son nom à la forme de son labelle est associée à la déesse de l'Amour. C'est la confirmation triomphante de son caractère séducteur voire enjôleur. Derrière le message d'élégance et de distinction se cachent le frisson de l'exotisme, la recherche du fruit défendu. À ces sentiments s'ajoute la pointe de respect dû à une beauté quasi inaccessible.

Le saviez-vous ?

- *Paphiopedilum* signifie « chausson d'Aphrodite ». Il vient du grec *Paphos*, ville de Chypre, où se trouve un temple dédié à la déesse de l'Amour, qui était aussi parfois appelée « Paphian », et de *pedilon*, qui veut dire « pantoufle ».
- *Paphiopedilum* désigne les sabots de Vénus d'origine tropicale. Les plantes de climat tempéré sont appelées *Cypripedium* dont une, *Cypripedium calceolus*, au sabot jaune vif, vit en France.

« *… Il y avait les sabots de Vénus,*
dont la fleur ressemble
à une pantoufle merveilleuse,
garnie au talon
d'ailes de libellules. »

(Émile Zola)

CHEZ LE FLEURISTE > toute l'année
DANS LA MAISON > toute l'année
COULEURS > rose, vert, marron, blanc, jaune et divers mélanges
NOMS BOTANIQUES > *Paphiopedilum* x, *Cypripedium spp., Phragmipedium*

Dites-le aussi avec ces fleurs…

Voici une liste complémentaire de plantes qui associent la grâce à la légèreté.
Dans le langage des fleurs, ce sont toutes d'habiles séductrices.
À vous de les utiliser avec subtilité pour ensorceler l'élue de votre cœur…

Achillée *(Achillea spp.)*
« mon amour ne connaît pas d'obstacle »

Amandier (fleur) *(Prunus dulcis)*
« j'ai l'espoir que tu me céderas vite »

Aubépine *(Crataegus spp.)*
« m'est-il permis d'espérer ? », doux espoir

Brise tremblante *(Briza maxima)*
légèreté, frivolité, galanterie, coquetterie

Genêt *(Cytisus praecox, Cytisus scoparius)*
« tu es ma préférence », « laisse-moi un faible espoir », espérance indécise

Giroflée *(Erysimum spp.)*
« aimez-vous le marivaudage ? », jeu de la séduction

Groseillier *(Ribes rubrum)*
« tu plais à tous », « tout le monde t'aime »

Orchis *(Orchis spp.)*
« tu es belle », beauté suprême

Orobe printanière *(Lathyrus vernus)*
besoin d'aimer

Pêche *(Prunus persica)*
aveu timide, « je suis ta prisonnière », « je suis ta captive », bonheur d'aimer, amour captif

Viscaria *(Lychnis viscaria)*
« veux-tu danser avec moi ?

Zinnia *(Zinnia elegans)*
« si l'on flirtait ? »

sublime attrait

Blottie dans un écrin de feuillage, l'association de roses d'un rose carné et de renoncules blanches véhicule ce compliment subtilement teinté de désir : « tu es au summum de ta beauté, ton charme est irrésistible ». Il est aussi possible de lire cet élégant présent comme des mots doux : « ta beauté épanouie brille de mille attraits, je t'aime tendrement ».

Adorable et désirable

Composition où se mêlent renoncules, agérates, œillets de poète et myrte, ce bouquet naturel et sophistiqué traduit les tout premiers émois de l'amour. Il faut le lire ainsi : « j'admire ton corps superbe qui inspire mon amour ».

Irrésistible éclat

Cette coupe d'où jaillit un panache d'amaryllis rouges comme l'amour exprime une beauté rayonnante. Le message se lit ainsi : « tu es si courtisée que je désespère, s'il te plaît ne me résiste pas ».

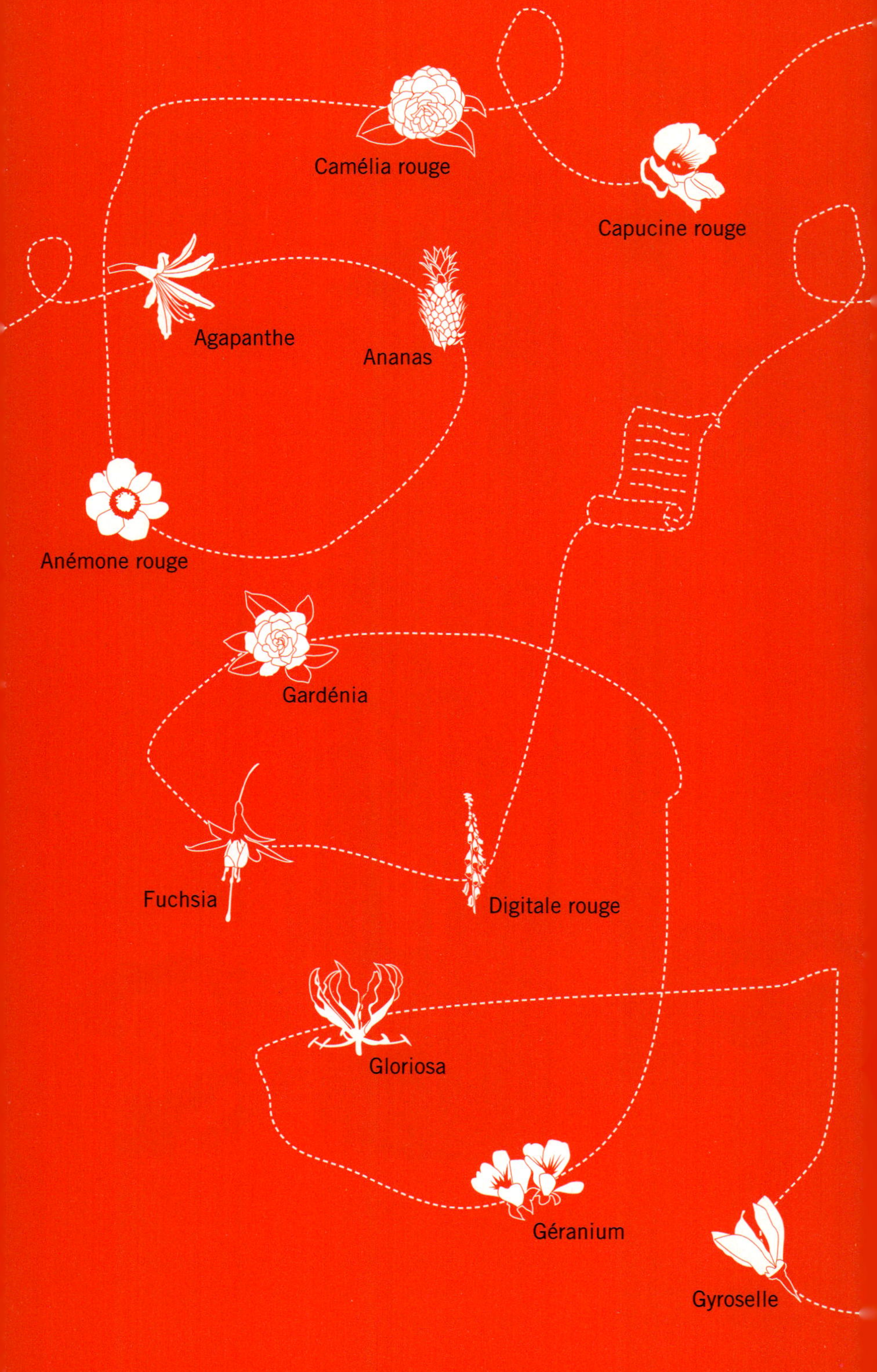

Camélia rouge
Capucine rouge
Agapanthe
Ananas
Anémone rouge
Gardénia
Fuchsia
Digitale rouge
Gloriosa
Géranium
Gyroselle

la déclaration

Agapanthe

« Ta présence me ravit »

La divine ombelle de l'agapanthe est une apologie de la beauté et le présage d'une déclaration d'amour. L'abondance des fleurs qui composent la belle tête sphérique de l'agapanthe est l'image de l'harmonie. Offerte à l'unité et sans atours, elle dit : « j'aime ta compagnie », « je me sens bien avec toi ». Une manière élégante et raffinée d'entamer une première approche. Mais, si quelques signes vous encouragent, cette fleur qui ne manque pas de sensualité va vous permettre d'aller plus loin... Son inflorescence spectaculaire et la rigidité un peu cérémonieuse de ses longues tiges confèrent à l'agapanthe un petit côté solennel qui préfigure une annonce importante. Présentée en bouquet d'une douzaine de fleurs au moins, c'est la déclaration d'un amour profond et intense. Avec l'agapanthe, vous proclamez vos sentiments comme une profession de foi, vous libérez votre cœur. C'est une fleur à offrir volontiers lors d'un dîner aux chandelles en amoureux.

Le saviez-vous ?

- Étymologiquement, le nom « agapanthe » vient du grec *agapan*, aimer, et *anthos*, fleur. C'est donc bien une fleur de l'amour !
- Dans le langage populaire, on appelle aussi l'agapanthe « tubéreuse bleue », « lis du Nil » ou « lis bleu d'Afrique ».
- Plante rhizomateuse de la famille des Alliacées (Liliacées), l'agapanthe se décline en dix espèces très proches, toutes originaires d'Afrique du Sud.

C'est le bouquet !

- Les fleuristes utilisent les agapanthes de deux façons. En coupant la tige au ras de l'ombelle, ils obtiennent une boule à poser au pied du bouquet. Et avec sa tige, la fleur forme un parasol très séduisant.

CHEZ LE FLEURISTE > mai à septembre
DANS LE JARDIN > juin à août
COULEURS > bleu, blanc
NOM BOTANIQUE > *Agapanthus africanus*

Belle à damner un saint…

Ananas

« Tu es la perfection même »

La beauté piquante de son inflorescence vaut à l'ananas de célébrer la perfection du corps féminin.
« Plus belle que toi, je meurs » est, en langage d'aujourd'hui, la déclaration sans détour que délivre l'étonnante fleur d'ananas. Tiare distinguée, ciselée comme un bijou, c'est un présent rare et précieux, qui sublime la grâce et la féminité. Même si les fleuristes proposent plus couramment des hampes d'ananas avec le fruit déjà formé et chapeauté de sa couronne de feuilles griffues, le message est identique. Il perd seulement un peu de sa superbe et de sa distinction. L'ananas symbolise la perfection de la silhouette en raison de l'équilibre général de la plante et de son fruit bien galbé, aussi beau que savoureux. Il faut aussi voir dans l'offrande d'une fleur d'ananas, mais également d'un bouquet où trône son fruit, un hommage libertin à peine déguisé. En substance, le message dit : « tu as un corps de rêve », ce qui laisse sous-entendre que le coquin est bien décidé aussi à y goûter, au risque d'essuyer un refus. Attention, les feuilles sont bordées d'aiguillons acérés. Avec l'ananas, qui s'y frotte, s'y pique !

Le saviez-vous ?

- Christophe Colomb découvrit l'ananas à la Guadeloupe en 1493. C'est Jean de Léry qui a importé du Brésil, en 1578, les premiers fruits en France.
- L'ananas est une plante monocarpique (qui ne porte qu'un fruit). Après la maturité, la touffe meurt lentement, remplacée par des rejets qu'elle développe à la base du pied.
- Les longues feuilles d'ananas fournissent des fibres textiles.

« *Il y avait au milieu de la vitrine un de ces fruits à écaille emplumés (un ananas), quelque chose comme une pomme de pin, avec un petit palmier qui sort par le haut.* »

(Claude Simon)

CHEZ LE FLEURISTE > toute l'année
DANS LA MAISON > la floraison intervient une seule fois, mais à n'importe quelle période de l'année
COULEURS > rouge, rose, jaune
NOM BOTANIQUE > *Ananas comosus* 'Variegatus'

Anémone

« Récompense ma constance »

Avec sa forte symbolique amoureuse, l'anémone s'offre à une demoiselle dont on est épris de longue date.
En dépit de sa relative modestie, de son apparence fragile et de sa courte durée d'épanouissement, l'anémone des fleuristes est la fleur de la persévérance et des espoirs les plus fous. Elle clame : « j'ai foi en mon amour et je saurai le faire triompher avec calme et patience ». Quelle que soit sa couleur, cette fleur témoigne d'un fort attachement et d'une confiance dans les sentiments réciproques. Tout en déclarant un amour profond, elle appelle à la bagatelle, puisqu'elle demande une récompense, avec comme sous-entendu un langoureux : « cède-moi » !
Fleur de base de l'assortiment des fleuristes, l'anémone est parée de mille et une significations dans le langage des fleurs. Au sens propre comme au figuré, elle exprime souvent l'abandon, dans lequel on peut voir aussi un consentement, la belle capitulant devant vos avances avec lascivité.

La petite histoire

- Originaire de l'est du bassin méditerranéen, l'anémone des jardins a été introduite en France au XVIIe siècle par M. Bachelier. Ce fleuriste parisien conservait jalousement ses plantes.
Un astucieux conseiller à la cour s'arrangea pour que les plis de sa robe d'apparat touchent des fructifications d'anémones. Les graines étant munies de soies qui s'accrochent aux étoffes, il put dérober la précieuse semence !

Sens dessus dessous

- Le goût de l'anémone pour les expositions ventées lui vaut son nom. Au sens propre, c'est « la fleur du vent ». Vite étiolée par les bourrasques, elle est devenue aujourd'hui le symbole de l'amour fragile, du bonheur de courte durée.

CHEZ LE FLEURISTE > octobre à mai
DANS LE JARDIN > avril à juin
COULEURS > rouge, blanc, bleu, rose
NOM BOTANIQUE > *Anemone coronaria*

Mourir d'aimer...

Camélia

« Je mourrai pour toi »

Emblème du romantisme, la fleur de camélia est une déclaration d'amour total à connotation tragique.
En exhibant cette fleur lors de ses apparitions mondaines, Marguerite Gautier, « la dame aux camélias », personnage principal du roman d'Alexandre Dumas, pouvait secrètement dévoiler des sentiments que la société de l'époque la condamnait à taire. En raison du destin tragique de cette héroïne, la fleur de camélia, qui au Japon évoque la perfection, est devenue chez nous l'icône de celui qui se meurt d'amour. Sans atteindre obligatoirement ce dénouement pathétique, offrir un camélia est toujours une déclaration d'amour. La fleur dit en substance : « ma destinée est entre tes mains », associant la constance, l'admiration, mais aussi la fierté d'aimer ou d'être aimé. La fleur d'une relation amoureuse idéale.

Le saviez-vous ?

- Camélia est un nom dérivé du grec *gamelios* qui signifie : « né d'un bon mariage ».
- Le genre *Camellia* a été créé en hommage au père jésuite et botaniste George Joseph Kamel, qui en avait rapporté des graines à la fin du XVIIe siècle.
- C'est l'impératrice Joséphine qui, la première, lança la mode de cette fleur originaire du Japon.
- Camélia est aussi un prénom qui se fête le 5 ou le 9 mars.

« *Mais le camélia,*
monstre de la culture,
Rose sans ambroisie
et lis sans majesté,
Semble s'épanouir
aux saisons de froidure
Pour les ennuis coquets
de la virginité... »

(Charles Lassailly)

CHEZ LE FLEURISTE > octobre à avril en pot
DANS LE JARDIN > septembre à mai
COULEURS > rouge, blanc, rose, panaché
NOM BOTANIQUE > *Camellia japonica*

Capucine

« Je brûle d'amour pour toi »

Les jolies fleurs couleur de feu de la capucine expriment les sentiments enflammés qui nous consument.
La symbolique de la capucine se retrouve dans les coloris très chauds de ses fleurs, si joliment décrits par ces mots de Henri Pourrat : « J'aime surtout la capucine, si gaie dans les tons de l'aurore et de la flamme ». Ces fleurs dont les corolles embrasent affirment une ardente déclaration d'amour, l'aveu d'une passion fulgurante qui vous fait dire en les offrant : « mon cœur se consume pour toi ».
Attention : la subtilité du langage des fleurs est source d'erreurs d'interprétation. Les couleurs s'avèrent trompeuses. Jaune, orange ou marron, la capucine dit : « rien ne charme ton cœur », « resteras-tu à jamais fermée ? » Le bouquet de capucines jeté négligemment par celle qui le reçoit indique : « je ne suis pas tentée par une aventure ».

Sens dessus dessous

- La capucine doit son nom à la forme de sa fleur, dont la partie supérieure rappelle le capuchon pointu (capuce) que les nonnes portaient jadis sur la tête.
- Le nom *Tropaeolum*, signifie « trophée ». Le capuce floral évoque un casque et les feuilles arrondies (peltées), un bouclier.
- En raison de son odeur forte et piquante, on a appelé la capucine *Nasturtium*, ce qui se traduit par : « chatouille-narines ».

« *Un pied par-ci, un pied par-là,*
Voici venir la capucine.
Un pied par-ci, un pied par-là,
Voici fleurir la capucine.
Capucine par-ci, Capucine par-là,
Par-ci par-là. »

(Robert Desnos,
Chantefables, chantefleurs)

CHEZ LE FLEURISTE > mai à septembre
DANS LE JARDIN > juin à octobre
COULEURS > rouge, jaune, orange, marron, pourpre, crème
NOM BOTANIQUE > *Tropaeolum majus*

Dahlia

« Je veux te combler d'amour »

Opulente, généreuse, flamboyante, la fleur de dahlia est une déclaration d'amour total et comblé.

Une fois n'est pas coutume, quelle que soit la couleur de la fleur du dahlia, et Dieu sait que ses nuances se déclinent quasiment à l'infini, cette belle grosse tête de feu et de soleil évoque une déclaration d'amour implicite. En fonction de l'abondance du bouquet et de la chaleur des teintes choisies, on peut y discerner plus ou moins de passion, mais le discours tourne autour des messages déclaratifs suivants : « mon cœur déborde d'amour pour toi », « je veux te combler d'amour », « mon amour fera ton bonheur », « toutes mes pensées vont vers toi ». Dans une relation plus avancée, on traduira l'offrande d'un bouquet de dahlias par : « mille mercis pour cet amour qui me comble », « j'admire ta beauté sans atours » ou « je te suis reconnaissant de partager mon amour », autant de preuves irréfutables que le dahlia sait conjuguer le verbe aimer dans toutes les couleurs avec tous les degrés de la passion...

La petite histoire

- Le dahlia a été classé jusqu'en 1817 parmi les légumes, parce que les Mexicains l'utilisaient surtout à des fins alimentaires.
  Ils en cuisaient le tubercule dans l'eau et le consommaient avec différentes sauces. Il a un goût d'artichaut, mais plus fibreux et plus rustique. À Versailles, au XVIIIe siècle, on le considérait assez péjorativement comme de la « nourriture d'indigène » en raison de son âcreté.

« *Fleur grasse et riche,*
autour de toi ne flotte aucun arôme,
Et la beauté sereine de ton corps
Déroule ses impeccables accords.
Ainsi le dahlia, roi vêtu de splendeur,
Élève sans orgueil sa tête sans odeur,
Irritant au milieu
des jasmins agaçants ! »

(Paul Verlaine)

CHEZ LE FLEURISTE > mai à octobre
DANS LE JARDIN > juillet à octobre
COULEURS > rouge, blanc, mauve, jaune, rose...
NOM BOTANIQUE > *Dahlia* x *hybrida*

Digitale

« Pour toi bat mon cœur »

Célèbre pour ses vertus apaisantes sur le rythme du cœur, la digitale sait aussi montrer qu'il palpite d'amour.
En dépit de ses propriétés hautement toxiques, la digitale est la fleur d'un amour hardi. On l'offre pour déclarer à la fois : « mon cœur ne bat que pour toi », allusion à ses propriétés cardiotoniques, et « je ne peux plus cacher mon amour », en raison de la majesté de ses longues grappes gantelées qui composent un bouquet prestigieux, presque solonnel. La dame qui accepte le présent donne la preuve de sa confiance en ne voyant que la beauté symbolique de la fleur, et non son caractère vénéneux.
Comme le suggère en ces mots Alphonse Daudet : « Des digitales de pourpre à longs calices, forêt de fleurs sauvages débordant de sucs capiteux », il se dégage du mystère et de la sensualité dans la digitale, une fleur jamais innocente que l'on peut aussi considérer comme l'image de l'amour fatal.

Le saviez-vous ?

- La digitale sauvage est considérée comme la fleur préférée des fées, qui s'en coiffent ou s'en servent pour se faire des gants.
- La légende veut que les taches pourpres sur les fleurs de la digitale soient les empreintes laissées par les doigts des lutins, qui nous mettent ainsi en garde contre la toxicité de la plante.
- On dit que les sorcières se frottaient les jambes avec de la digitale afin de pouvoir voler.

« *Digitales fatales, digitales mortelles, tout rime dans ces dédales que les amants poursuivent au-delà de leurs délires. Où es-tu mon amour et moi où puis-je être ? Là, dans le son profond de ces clochettes avides ? Ou bien dans ce nectar où nos lèvres se perdent.* »

(Anne-Marie Cellier)

CHEZ LE FLEURISTE > avril à juillet
DANS LE JARDIN > mai et juin
COULEURS > pourpre, blanc, rose
NOM BOTANIQUE > *Digitalis purpurea*

Dingue de toi…

Fuchsia

« Je t'aime de tout mon cœur »

Romantique à souhait, le fuchsia exprime l'ardeur du cœur et une passion profonde, inébranlable.

Au XIXe siècle, dans le langage des fleurs, offrir un fuchsia se traduisait par : « votre amour est mon seul culte » ou « mon cœur brûle pour vous ». Aujourd'hui, on dira, plus prosaïquement, avec cette plante : « je t'aime à fond » ou comme un poète des banlieues : « je suis morgan de toi ». Fleur en tutu juponné qui danse au gré du vent, le fuchsia évoque un amour passionnel et respectueux avec ses branches qui s'inclinent devant la beauté de la dame convoitée. Dans sa déclaration amoureuse, il s'exclame : « à ta vue mon cœur bat la chamade » et il exprime d'autant plus clairement l'intensité de vos sentiments que ses fleurs s'habillent de rouge. En dépit de son apparente fragilité et de ses tiges souvent grêles, le fuchsia affirme un amour inflexible, mais où pointe aussi un brin d'ardeur charnelle.

La petite histoire

- Charles Plumier, moine et botaniste, découvrit le premier fuchsia en 1695, au cours d'un voyage à Haïti et en République dominicaine. Il avait reçu pour mission de Fagon, le médecin du roi Louis XIV, de recenser et d'étudier les quinquinas dans le but de guérir le paludisme (c'est d'ailleurs cette maladie qui lui fut fatale). Charles Plumier fut un des plus grands voyageurs et botanistes du XVIIe siècle.

« *Les fuchsias prenaient la mauvaise habitude de laisser leurs branches courir partout tête baissée. Les fleurs n'avaient rien de plus pressé, quand elles étaient assez grandes, que d'aller rafraîchir leurs joues violettes et congestionnées contre la sombre façade de l'église.* »

(Marcel Proust)

CHEZ LE FLEURISTE > avril à juin, toujours en pot
DANS LE JARDIN > mai à fin octobre
COULEURS > rouge, blanc, rose, violet, bicolore
NOM BOTANIQUE > *Fuchsia* x *hybrida*

Gardénia

« Je te dévoile mes sentiments »

Ciselée à la perfection comme un bijou précieux, cette fleur immaculée qui embaume déclare votre flamme.
Une fleur de gardénia est un présent tout en délicatesse qui fait preuve, dans votre aveu d'amour, d'une réelle distinction et d'une sensibilité qui vont mettre toutes les chances de votre côté. Sa corolle joliment turbinée qui rappelle à la fois la rose et le camélia, est un hommage à la beauté féminine. Votre message est à la fois intense et discret. Vous dévoilez vos sentiments, tout en lui disant : « tu es adorable ». On pourrait y voir une simple affection profonde en raison de la blancheur laiteuse de la fleur. Mais il y a ce parfum de jasmin rehaussé de vanille, sensuel et envoûtant. Sa puissance entêtante parle d'amour sans ambages. Plus la potée de gardénia est imposante et abondamment garnie de fleurs bien épanouies et plus vous exprimez l'intensité de vos sentiments, jusqu'à dire : « je te désire de tout mon corps ». Plus timide, le gardénia en boutons suffit pour dévoiler à demi-mot vos sentiments secrets.

Le saviez-vous ?

- Soliman le Magnifique offrait des pétales de gardénia chaque jour aux femmes de son harem dans le but de préserver la paix entre toutes les épouses !
- Le nom « *Gardenia* » honore Alexander Garden (1730-1791), un botaniste originaire de Charleston en Caroline du Sud, qui était un des correspondants de Linné.
- Originaire d'Asie du Sud-Est, le gardénia est pourtant appelé parfois « jasmin du Cap ».

C'est le bouquet !

- Le gardénia est très apprécié par les fleuristes pour confectionner des boutonnières. Les fleurs sont cueillies à plein épanouissement. Le pédoncule est coupé court, ce qui nécessite toujours de monter la fleur sur un support.

CHEZ LE FLEURISTE > août à janvier
DANS LA MAISON > octobre à janvier
COULEUR > blanc ombré d'ivoire
NOM BOTANIQUE > *Gardenia augusta*

Je viens te dire que je t'attends...

Géranium

« Je suis amoureux de toi »

Le géranium déclare un amour dont l'intensité correspond à la couleur et à l'abondance de ses fleurs.
Qu'il soit « zonale », à port dressé et feuilles arrondies, ou « lierre », à tiges grêles, retombantes et à feuilles découpées, le géranium est dans le langage traditionnel des fleurs un gage d'amour. Il doit cette symbolique à la couleur rouge intense très pur d'un grand nombre de variétés, le rouge étant par excellence l'expression de la passion amoureuse. Mais il faut bien dire que, en raison du côté assez commun de cette fleur, votre déclaration risque de manquer d'éclat. Vous offrirez donc le géranium comme un test. Si la belle joue le jeu et se montre ravie de votre banal présent, vous pouvez alors entreprendre une démarche plus convaincante. Reste qu'il est toujours possible de paraître irrésistible avec des géraniums, en composant une énorme potée de plusieurs sujets adultes très fleuris.

Sens dessus, dessous

- N'ayant eu à sa disposition que quelques échantillons à demi desséchés, Linné nomma la plante *Geranium* dans sa classification de 1753, car il avait bien repéré chez elle les caractères des Géraniacées. Il fallut attendre 1789 pour que Charles Louis L'Héritier de Brutelle fasse la distinction et crée le nouveau genre *Pelargonium*. Mais depuis 250 ans, la confusion continue à subsister entre les deux genres !

Le saviez-vous ?

- Le géranium est aussi la plante de la sagesse, car on voit dans le fruit du géranium un bec de grue, qui était pour les Celtes le symbole de cette vertu. Le mot « géranium » vient du grec *geranion*, qui signifie bec de grue.

CHEZ LE FLEURISTE > mars à juin
DANS LE JARDIN > mai à octobre
COULEURS > rouge, blanc, rose, orangé
NOMS > *Pelargonium zonale, P. peltatum*

Gloriosa

« Je suis ébloui par ta beauté »

Fleur d'une beauté exceptionnelle, le gloriosa célèbre la perfection féminine dans toute sa séduction.
Étrange insecte aux longues pattes chaussées d'or, qui s'envole dans un embrasement d'ailes, la fleur du gloriosa est un somptueux bijou vivant, offrande précieuse et joyeuse qui marque une déclaration teintée de respect et d'une pointe de timidité. Un bouquet de « lis glorieux », ou « lis de Malabar » comme on aime aussi appeler cette fleur africaine, est un hommage à la beauté. Il disait jadis : « je m'incline devant votre grâce et suis votre serviteur ». Aujourd'hui, le message est moins soumis, mais il fait toujours hommage à la beauté, en signifiant : « tu es la plus belle » ou même, pour une grande occasion : « tu es sublime ». Car, si le gloriosa s'offre plutôt pour un aveu d'amour discret, presque réservé, la fleur fait montre d'une telle classe, qu'elle mérite de s'épanouir dans un lieu prestigieux ou dans un somptueux bouquet d'apparat.
Saisir une fleur d'un geste gracieux remplace une révérence.

Le saviez-vous ?

- Dans la famille des Liliacées où l'on trouve aussi la tulipe, le lis, la jacinthe, l'oignon et le poireau, le gloriosa fait partie du groupe des Colchicacées, ce qui souligne ses propriétés toxiques, car il contient de la colchicine.
- Il est appelé en Angleterre « lis glorieux » ou « lis grimpant ».
- Le nom botanique *« Gloriosa »* a été attribué par Linné. Il vient du latin *gloriosus*, glorieux, allusion à la beauté des fleurs.

C'est le bouquet !

- Les pédoncules floraux du gloriosa sont assez courts, ce qui oblige à utiliser cette plante dans un bouquet rond ou en couronne. On peut aussi la piquer dans de la mousse pour garnir la périphérie d'un bouquet asymétrique.

CHEZ LE FLEURISTE > juin à septembre
DANS LE JARDIN > juillet à septembre
COULEURS > rouge et jaune
NOM BOTANIQUE > *Gloriosa superba*

Houle sentimentale...

Gyroselle

« Tu es vraiment divine »

Attirante par sa timidité, séductrice par ses faux airs d'innocence, la gyroselle saura vous faire aimer.

Les fleurs aux pétales retournés, portées par de fins pédoncules infléchis, se penchent dans une gracieuse révérence. Elles rappellent par leur forme et leur couleur les cyclamens et en possèdent toute la transparence diaphane. Rosissant d'émotion, elles accompagnent à ravir une déclaration un peu maladroite où se mêlent frissons et serrements de cœur. Dans le langage romantique et fleuri du XIXe siècle, la gyroselle encensait la beauté féminine en disant : « vous êtes ma divinité, acceptez mes hommages ». Aujourd'hui, cette petite fleur, qui s'offre comme un précieux présent, dans l'écrin d'une jolie poterie, va confesser votre admiration. Elle avoue : « tu es divine » ou attribue à la mignonne une « beauté divine », arguments qui, renforcés par l'originalité de la plante, devraient être suffisants pour la séduire.

Le saviez-vous ?

- Le nom *« Dodecatheon »* vient du grec *dodeca*, douze, et *theos*, dieux, allusion au nombre des étamines sensées représenter les douze dieux principaux de l'Olympe. On l'appelle d'ailleurs parfois « herbe aux douze dieux ».
- La gyroselle porte divers noms populaires : « coucou américain », « Aphrodite », « étoile filante ».
- Le nom d'espèce, *« meadia »*, honore le docteur Mead, un éminent praticien du XVIIe siècle.

« *Gyroselle, gracieuse demoiselle*
Beauté des prés, fleur des dieux,
Accepte l'hommage et le zèle
D'un amant ému par tes feux.
Étoile filante tu étincelles,
Fille d'Aphrodite, espoir d'un jour
Aimable fleur, tu es celle
Qui sublime les mots d'amour. »

(Jean-Paul Pesty)

CHEZ LE FLEURISTE > avril à mai en pot
DANS LE JARDIN > avril à juin
COULEUR > rose violacé à cœur jaune et noir
NOM BOTANIQUE > *Dodecatheon maedia*

Voyage, voyage…

Hamamélis

« Tu es envoûtante, partons ensemble »

Les fleurs étranges de l'hamamélis, qui s'épanouissent au cœur de l'hiver, s'offrent pour un voyage d'amour.
Parée de mille et un fils d'or, la branche d'hamamélis flamboie à l'heure où le jardin grisaille. C'est pourquoi elle véhicule une image de dépaysement, et donc de voyage. Couleur soleil, la fleur darde ses rayons qui invitent à l'évasion. Dans le langage traditionnel des fleurs, offrir de l'hamamélis c'était dire : « vous m'envoûtez, enfuyons-nous ». En clair : abandonnons les convenances et les préjugés pour vivre un amour fou. Aujourd'hui, cette fleur est toujours une déclaration en forme de tourbillon qui clame : « tu me fais tourner la tête, partons ensemble »… La fantaisie échevelée de la branche fleurie renforce ce message qui sous-entend : « tu m'as ensorcelé, je suis prêt à toutes les folies pour toi ». Arrangé dans le style très sobre de l'ikebana, le bouquet tortueux de l'hamamélis est une invitation à découvrir des contrées lointaines et à vivre de grands moments d'abandon. Il suggère « envolons-nous », au sens propre, comme au figuré.

Sens dessus dessous

- Le nom *Hamamelis* dérive du grec *hama*, avec, et *melon*, fruit, car la plante peut porter en même temps des fleurs et des fruits. Les Grecs de l'Antiquité donnaient ce nom au néflier.
- L'hamamélis, longtemps appelé « noisetier des sorcières », ainsi que le nomment les Anglais, *witch hazel*, est encore considéré comme une plante magique.
- On appelle aussi l'hamamélis « arbre aux araignées d'or ».

La petite histoire

- Le médecin français Georges Dujardin-Beaumetz (1833-1895) a appelé *Hamamelis virginiana* « digitaline des veines », car il contient un tanin astringent et vasoconstricteur efficace pour traiter les affections veineuses.

CHEZ LE FLEURISTE > décembre à février
DANS LE JARDIN > janvier à février
COULEURS > jaune, rouge
NOM BOTANIQUE > *Hamamelis spp.*

Le feu au cœur...

Ixora

« Tu m'enflammes »

Rougeoyant comme des braises, la fleur de l'ixora allume les feux de l'amour. Beauté tropicale, dont les généreuses inflorescences écarlates évoquent l'explosion incandescente d'un volcan, l'ixora fait jaillir vos sentiments dans une déclaration enfiévrée. C'est vraiment la plante de l'amour passion, qui confine à l'adoration. Son message dévoile sans ambages : « tu as enflammé mon cœur ! » Pour un aveu solennel et un engagement, la plante en pot, bien ramifiée et généreusement fleurie, sera préférée à la fleur coupée. Cette dernière est rarement utilisée seule par les fleuristes, qui l'associent volontiers à des arums et des orchidées. La missive prend alors une connotation plus coquine en évoquant : « tu enflammes mes sens », soit en clair : « j'ai envie de toi ! » avec en filigrane une invitation à se laisser griser dans des ébats exotiques.

Une seule fleur d'ixora portée à la boutonnière dit en supplique : « cesse de faire mon tourment ! »

Sens dessus dessous

- Ixora est le nom d'une divinité de Malabar, région littorale du sud de l'Inde, qui est honorée par des offrandes de cette fleur.
- Ixora pourrait aussi être dérivé d'un mot de la langue sacrée sanskrit, signifiant « seigneur ».
- On l'appelle couramment « flamme de la jungle » en raison de sa floraison écarlate.
- Les Anglais appellent *Ixora coccinea* « géranium de la jungle » ou même « amour brûlant ».

« *Ixora jolie flamme des tropiques,*
Déesse de Malabar, fleur atypique,
Offrande d'amour et de vénération,
Laisse consumer mon âme de passion.
Amour brûlant certains te surnomment
Messagère galante du cœur des hommes
Fleur de feu, fleur de sang, tu rougeoies
Corrompant Vénus pour qu'elle soit à moi. »

(Jean-Hervé Blot, *Amours en fleurs*)

CHEZ LE FLEURISTE > mai à octobre
DANS LA MAISON > mai à octobre
COULEURS > rouge, blanc, rose, jaune, orangé
NOMS BOTANIQUES > *Ixora coccinea, Ixora javanica*

Je viens te graver dans ma vie…

Marguerite

« Je ne veux que toi »

Je t'aime, un peu, beaucoup, passionnément, à la folie… La marguerite conjugue aimer au temps fort.

On fait bien plus que se conter fleurette en effeuillant la marguerite. Dans le langage amoureux des fleurs du XIXe siècle, le petit soleil habillé d'un tutu blanc qui caractérise cette fleur champêtre, émouvante dans son ingénuité, est un véritable serment d'amour. Elle affirme l'assurance marquée de votre attirance. « Je ne vois que vous », « vous êtes ma préférence », « vous êtes la plus aimée des femmes » sont ses principaux messages. Ils se traduisent aujourd'hui par : « c'est toi que j'aime et je ne veux que toi ». On retrouve d'ailleurs cet engagement dans la jolie expression « aimer à la franche marguerite », qui signifie tout simplement partager un amour tendre, simple et profond.

La couleur et la simplicité du capitule de marguerite lui confèrent aussi des valeurs d'innocence, de candeur, de pureté, de confiance et de fidélité. On peut donc offrir un bouquet en guise d'amitié sans aucune ambiguïté.

La petite histoire

- Au Moyen Âge, le chevalier qui avait choisi sa gente dame portait une fleur de marguerite à laquelle il manquait un pétale.
- Une jeune fille portait une marguerite dans les cheveux pour signifier qu'elle n'avait pas encore choisi son soupirant. C'est en lui offrant la fleur qu'elle désignait l'élu de son cœur.
- Partant pour les croisades, le chevalier offrait à son épouse une couronne de marguerites.

« *Toi qui de l'innocence*
As toute la fraîcheur,
Délices de l'enfance,
Dont tu sembles la sœur,
Marguerite fleurie,
Honneur de nos vallons,
Comme dans la prairie
Brille dans nos chansons ! »

(Constant Dubos)

CHEZ LE FLEURISTE > mars à juillet
DANS LE JARDIN > mai à juillet
COULEURS > blanc à cœur jaune
NOM > *Leucanthemum vulgare*

Pâquerette

« Mes pensées sont pour toi »

Conjuguant avec bonheur éclat et timidité, la pâquerette délivre un message d'amour tendre et durable. Qu'elle soit blanche ou rose, la pâquerette à fleurs simples déclare dans le traditionnel langage des fleurs : « ma pensée et mon affection sont pour vous », ce qui aujourd'hui signifie : « j'ai un petit faible pour toi, mais j'ai du mal à te l'avouer ». Elle exprime avec élégance une aspiration amoureuse et une certaine simplicité du cœur. C'est la fleur que l'on offre adolescent pour déclarer un premier émoi car elle correspond bien à l'insouciance juvénile, évoquant la jeunesse comme toutes les fleurs qui s'épanouissent au premier printemps. En offrant des pâquerettes à fleurs doubles, cette déclaration naïve et tendre se renforce d'une connotation libertine. On aspire à l'union charnelle tout en suggérant : « je ne pense qu'à toi, es-tu prête ? » Si la dame retire une à une les fleurs du bouquet pour les laisser choir, pas de chance c'est un refus. Mais, si elle choisit une pâquerette et se la plante dans les cheveux, cela signifie : « je suis d'accord pour l'amour »...

Le saviez-vous ?

- On dit que marcher sur les premières pâquerettes de l'année porte bonheur. Le printemps n'est pas encore arrivé tant que l'on ne peut poser son pied sur douze pâquerettes à la fois !
- On plaçait jadis une racine de pâquerette sous son oreiller pour inspirer des rêves agréables.
- Une fleur de pâquerette glissée dans le pied gauche d'un bas était à la campagne réputée augmenter les chances de grossesse...

« *La pâquerette est une plante qu'aucun animal, aucun insecte n'attaque. C'est la parure des prairies, faite d'un disque d'or et de rayons d'argent, étalée à nos pieds dans une telle profusion. Rien n'est plus humble, rien n'est plus respecté.* »

(Alphonse Karr)

CHEZ LE FLEURISTE > septembre à avril en pot
DANS LE JARDIN > mars à mai
COULEURS > rouge, blanc, rose
NOM BOTANIQUE > *Bellis perennis*

Rose rouge

« Mon amour est ardent »

Fleur emblématique de la passion, la rose rouge déclare avec sa couleur la puissance de votre amour.
Symbole de l'amour intense depuis l'Antiquité, la rose rouge est pour les chrétiens l'évocation du sacrifice et de l'amour divin rédempteur. C'est dire la puissance des sentiments qu'elle traduit ! Amour passionné, amour ardent, amour parfait, serment amoureux, la rose rouge est l'archétype de l'adoration. Dans un élan généreux et présentée par trois douzaines au moins, elle va jusqu'à dire : « je t'aime à la folie ». Plus la fleur est épanouie et plus vous enflammez votre message, y apportant de l'intensité et une connotation lascive. Le bouquet de roses rouges extériorise à l'évidence un signe de désir sexuel. C'est le premier pas vers des aventures sensuelles vertigineuses... Et il n'y a plus qu'à mélanger roses rouges et roses blanches en nombre égal pour signifier clairement une invitation à l'amour charnel.

La petite histoire

- Les Romains pensaient que Vénus avait rougi lorsque Jupiter l'avait surprise au bain, et que la rose blanche qu'elle tenait avait pris la teinte de ses joues.
- Pour les Grecs, lorsque Adonis fut tué par un sanglier, Aphrodite, qui l'aimait, se précipita vers lui, s'écorchant dans sa hâte à un rosier blanc. Des roses rouges surgirent en lieu et place du sang d'Aphrodite et les fleurs du buisson prirent la même couleur.

« *Et toi, la rose, toi la Reine,*
toi qui nous en fais voir
de toutes les couleurs
et qui nous griffes
jusqu'au sang,
comme on t'adore ! »

(Sacha Guitry)

CHEZ LE FLEURISTE > toute l'année. Les meilleures roses rouges à bouquet sont 'First Red' et 'Mme Delbard'
DANS LE JARDIN > juin à octobre
COULEURS > toutes nuances de rouge
NOM BOTANIQUE > *Rosa* x *hybrida*

Tu es le soleil de ma vie...

Tournesol

« Je ne vois que toi »

Rayon de soleil qui symbolise l'éclat du bonheur, le tournesol illumine votre serment d'amour.

À l'image de sa corolle déployée au coloris chaleureux, le tournesol est l'instrument d'une déclaration rayonnante et passionnée. Symbole de l'adoration, il dit tout à la fois : « tu es mon soleil », « tu illumines ma vie », « tu es éblouissante », « tu rayonnes de beauté », « je ne vois que toi », autant d'hommages et de serments amoureux qui, en substance, se résument en : « tu es la seule que j'aime » ou « je t'adore ». Le message de la fleur de tournesol est suffisamment clair, alors restez modéré dans votre enthousiasme et n'en faites pas trop. Une dizaine de tournesols nains font un adorable bouquet, idéal pour sceller votre attachement, voire un engagement. Attention : pour une déclaration, laissez de côté les variétés géantes. Elles sont à l'évidence spectaculaires, mais laissent paraître un brin de prétention et un orgueil démesuré, à la limite de l'arrogance. Une fleur « too much » !

La petite histoire

- Originaire du Pérou, le tournesol y était vénéré par les Incas comme la représentation terrestre de l'astre du jour. Les vierges sacrées qui servaient le temple du dieu soleil sur le lac Titicaca arboraient les jours de fête une couronne d'or parée d'une fleur de tournesol pour symboliser le soleil. L'empereur (l'Inca) se déplaçait accompagné de guerriers portant une plaque d'or en forme de tournesol.

Sens dessus dessous

- Parce qu'il tourne la tête face à notre astre vital, le tournesol est aussi appelé « soleil ». Son nom botanique, *Helianthus*, vient de *helios*, soleil, et *anthos*, fleur, parce que la fleur jaune, de forme rayonnée, évoque bien le soleil.

CHEZ LE FLEURISTE > juin à octobre
DANS LE JARDIN > août à septembre
COULEUR > jaune à cœur noir
NOM BOTANIQUE > *Helianthus annuus*

Ma déclaration…

Tulipe rouge

« Je te promets l'amour »

La tulipe rouge est une déclaration d'amour dont le symbole est aussi fort que celui de la rose rouge.
Fleur au cœur de braise, la tulipe rouge exprime à merveille les feux de l'amour. Les pétales écarlates évoquent les flammes qui nous embrasent, tandis que l'intérieur noir de la fleur signifie que notre cœur n'est plus qu'un charbon consumé. Il y a de la puissance et de la sincérité dans l'offrande des tulipes rouges, beautés extraverties qui évoquent l'espoir d'un amour parfait. Ce sont les fleurs traditionnelles de la déclaration sans badinage et de la symbiose du cœur. On offre d'ailleurs couramment un bouquet de tulipes rouges à la Saint-Valentin.
La violence du coloris, qui manifeste la fougue de l'amant impatient, exprime indubitablement un désir intense. Si le bouquet est composé de plus de vingt fleurs, le message se traduit par : « je t'aime d'un amour fou », qui implique une connotation érotique non déguisée. À l'évidence, l'intention dévoile en arrière-pensée : « sois à moi ! »

La petite histoire

- Shirin, princesse persane, était amoureuse de Ferhad, parti pour un très long voyage. Désespérée de ne pas le voir revenir, elle partit à sa recherche, traversant le désert. Épuisée, elle s'évanouit sur des pierres aux arêtes tranchantes qui la blessèrent. De son sang naquirent des tulipes rouges. Depuis, chaque année, les jeunes Iraniens offrent des tulipes écarlates à leur bien-aimée, en gage d'amour.

« *Messire printemps est là,*
la rose est éclose,
C'est le printemps des flambeaux,
la tulipe sourit,
Sur le visage d'amour
qu'est le parterre fleuri,
C'est le temps des flambeaux,
la tulipe sourit. »

(Nedim)

CHEZ LE FLEURISTE > décembre à juin
DANS LE JARDIN > avril à mai
COULEURS > de rouge vif à pourpre
NOM BOTANIQUE > *Tulipa* x *hybrida*

Dites-le aussi avec ces fleurs…

Voici une liste complémentaire de plantes qui transmettent un puissant message d'amour. Intégrez-les à l'envi dans les compositions florales qui accompagnent votre déclaration. Ce sont des auxiliaires précieux qui bien souvent remplacent avantageusement les mots doux…

Arbousier *(Arbutus unedo)*
gage d'amour, « tu es la seule que j'aime »

Boule-de-neige *(Viburnum opulus)*
« je suis fier de t'aimer », élans d'amour

Centaurée *(Centaurea spp.)*
« il faut que tu saches que je t'aime d'amour»

Entada *(Entada gigas, Entada phaseologides)*
« je te donne mon cœur »
(la graine renfermée dans la gousse évoque la forme d'un cœur)

Fougère *(Athyrium, Dryopteris, Matteucia, etc.)*
« je rêve de toi », fascination

Hébé (véronique arbustive) *(Hebe spp.)*
soupir d'amour, « je me languis de toi »

Molucelle (clochette d'Irlande) *(Molucella laevis)*
« je t'ouvre mon cœur », « je te chante mon amour »

Phlox *(Phlox* x)
« je te déclare ma flamme », « unissons nos âmes »

Pois de senteur *(Lathyrus odoratus)*
« accepteras-tu mes avances ? »

Pulmonaire rouge *(Pulmonaria rubra)*
passion, amour violent

Reine-des-prés *(Filipendula ulmaria)*
« tu règnes sur mon cœur »

Rose chou *(Rosa* x *centifolia)*
messagère d'amour

Serment d'amour

Modeste, mais ravissant et sans ambiguïté, ce bouquet composé de trois douzaines de tulipes rouges déclare toute votre flamme avec la fougue de sa couleur lumineuse qui traduit l'intensité de votre passion. Une confession intime qui vient du plus profond du cœur et se pare dans toute sa simplicité d'une réelle franchise et d'une touchante sincérité qui vous rendent irrésistible.

Joie d'aimer

Liés par la fantaisie volubile des gloriosas, des dahlias confessent vos sentiments avec élégance. Ce bouquet énonce : « toutes mes pensées sont pour toi », « mon cœur déborde de bonheur lorsque je te vois ».

Ensemble, passionnément

Dans ce bouquet à la fois champêtre et sophistiqué, l'amour passionné traduit par les dahlias orange se transforme en réelle adoration grâce à la présence des tournesols qui disent : « tu es le soleil de ma vie ».

amour

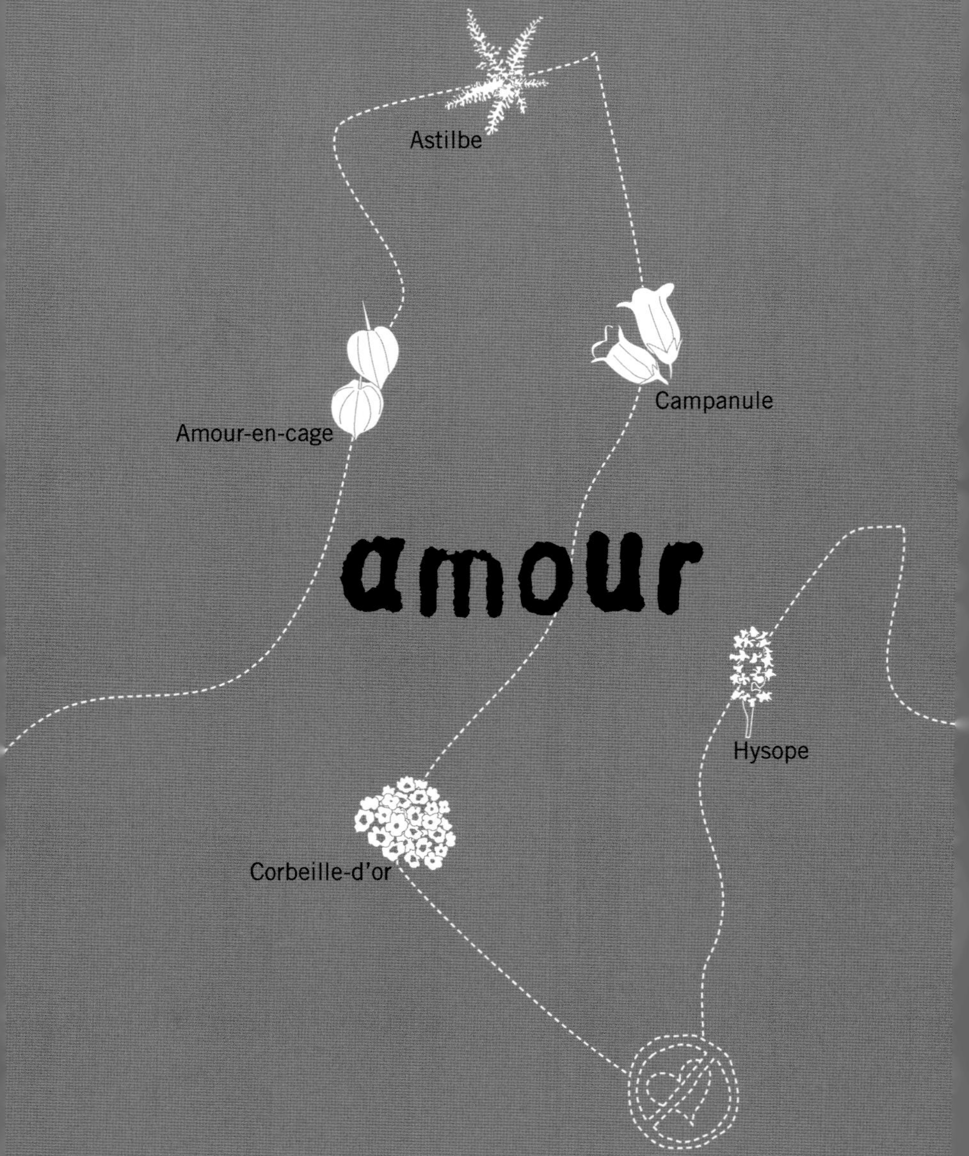

impossible

Julienne des jardins
Sandersonia
Lis blanc
Laurier de saint Antoine
Scabieuse
Violette

Amour-en-cage

« Amour caché »

Le calice en forme de cœur de cette plante annuelle abrite, comme un trésor caché, un fruit savoureux. L'amour-en-cage évoque bien l'idée d'un sentiment ardent, mais dissimulé. Les sépales en forme de lanterne, à l'étonnante texture de papier kraft, protègent une petite baie orangée que l'on appelle parfois « cerise d'hiver ». Ce fruit tendre et charnu se découvre en automne, lorsque l'enveloppe abandonne sa partie foliacée, laissant pour seule protection la fine dentelle du réticule de nervures. Il se dégage de cette plante un mélange si intime de pudeur et de délicatesse, que le symbole naïf et timide se transforme en message émouvant. Offert en été dans son enveloppe écarlate en forme de cœur, le physalis pourra être entendu comme une déclaration dissimulée ou comme une première approche hésitante. Présenté en hiver tel un rubis dans son écrin ciselé, c'est bien « l'amour en cage » qui est alors signifié par belle sauvageonne.

Sens dessus dessous

- Le nom « coqueret » donné couramment au physalis vient de la couleur de son fruit, qui évoque la crête d'un coq.
- On l'appelle aussi « lanterne chinoise » ou « lanterne japonaise » en raison de sa forme.
- Le nom de « prune des Incas » fait référence à l'habitat péruvien de certaines espèces.
- Depuis le milieu du XVIe siècle, la plante est aussi désignée par son nom arabe « alkékenge ».

C'est le bouquet !

- Pour utiliser le physalis dans les bouquets secs, coupez les tiges lorsque les fruits sont idéalement colorés et que les feuilles commencent à se dessécher. Suspendez-les tête en bas dans un grenier ou une pièce aérée.

CHEZ LE FLEURISTE > août à janvier
DANS LE JARDIN > septembre à décembre
COULEURS > rouge, rouge orangé
NOM BOTANIQUE > *Physalis alkekengi*

Je voudrais tant que tu sois là…

Astilbe

« Je t'attendrai à l'infini »

Nuage vaporeux et doux comme une caresse, la fleur de l'astilbe évoque un amour persévérant.

Il faut une patience d'ange et peut-être même toute une vie pour réussir à compter avec exactitude le nombre de fleurs qui composent la panicule plumeuse d'une astilbe. C'est pourquoi, dans le langage traditionnel des fleurs, l'astilbe signifie « je ne me lasse pas de t'attendre » et même « je t'attendrai toute ma vie ». Pour donner de l'intensité à ce message, offrez la fleur en brassée généreuse et multicolore ou, mieux, en pot, car l'astilbe coupée se montre assez éphémère, tandis qu'elle peut vivre de longues années dans le jardin.

Attention : selon les couleurs choisies, le message de l'astilbe peut prendre des sens très différents. Blanche, elle s'offre entre adolescents pour des amours débutantes. Rose, elle est l'expression de la tendresse et peut se comprendre comme une manifestation d'amitié. Rouge vif, elle évoque vos tourments d'amoureux.

Le saviez-vous ?

- Astilbe vient du grec *a*, préfixe privatif, et *stilbo*, briller, allusion à la couleur mate des fleurs. Le botaniste William Hamilton, qui a nommé la plante, trouvait que sa fleur manquait d'éclat.
- On appelle aussi parfois l'astilbe « fausse barbe de bouc ».
- Les douze espèces d'astilbes appartiennent à la famille des Saxifragacées. Elles sont originaires de Chine, du Japon et d'Amérique du Nord.

« *Astilbe au panache sans lumière,*
Ton aimable bouquet vaporeux,
Me rend la vie moins amère
Pourtant je brûle de mille feux.
Ma belle, lointaine et austère,
Se refuse, négligeant mes aveux.
Délivre-moi de ce destin solitaire
Astilbe, fleur de tous mes vœux. »

(Jean-Marie Rousse, *États d'âme*)

CHEZ LE FLEURISTE > avril à mai
DANS LE JARDIN > mai à juillet
COULEURS > rouge, blanc, rose, saumon, crème
NOMS BOTANIQUES > *Astilbe* x *arendsii*, *A. japonica*

Campanule

« Pourquoi me faire souffrir ? »

Offrez des carillons de campanules pour bourdonner vos sentiments d'amour à une belle indifférente. Le bleu intense de la fleur de campanule exprime votre amertume devant des refus répétés. Ultime hommage dans votre désir de conquête, l'offrande de cette fleur appelle une réponse. Parmi les quelque trois cents espèces de campanules, choisissez les plus généreuses et les plus imposantes pour faire fléchir la dame de vos pensées. Si, par miracle, vous recevez en retour une tige de campanule à feuilles rondes ou de campanule à feuilles de pêcher, l'ingénue aura accepté vos avances avec l'illustration de sa soumission. Attention : les petites campanules rampantes, qui forment de ravissants tapis fleuris, sont plutôt une marque de coquetterie. On les offre aussi comme témoignage de gratitude ou d'attachement en amitié.

Sens dessus dessous

- Le nom « campanule » vient du latin *campana*, cloche.
- La campanule est aussi appelée « miroir de Vénus ».
- À la campagne, la campanule a une réputation maléfique. En Angleterre, on appelle la campanule « clochette de la sorcière » ou « dé des sorcières ».
- *Campanula medium* est appelée « campanule de Canterbury », ses fleurs rappelant les cloches des pèlerins de saint Thomas.

« *Des campanules couraient, lançant leurs cloches bleues à toute volée, jusqu'au haut de grands asphodèles dont la tige d'or leur servait de clochers.* »

(Émile Zola, *la Faute de l'abbé Mouret*)

CHEZ LE FLEURISTE > avril à juillet en fleur coupée, mars en pots fleuris
DANS LE JARDIN > mai à juillet
COULEURS > bleu, blanc, parfois rose
NOM BOTANIQUE > *Campanula spp.*

je ne suis pas celle que vous croyez...

Corbeille-d'or

« Beauté vertueuse »

Plante aux fleurs précieuses, mais à la beauté sereine, la corbeille-d'or personnifie le calme des sens.

Vivace rustique, solide et volontaire, la corbeille-d'or évoque dans le langage des fleurs du XIXe siècle la beauté vertueuse, parce qu'elle séduit avec naturel et sans prétention, tout en restant modeste dans ses dimensions. Cette plante originaire du sud-est de l'Europe scintille au soleil au moment de sa floraison, ce qui lui a valu son nom populaire. Formant un joli coussin bien homogène, elle figure l'amour paisible et aussi le calme du cœur, c'est-à-dire amour platonique et chasteté.

Comme sa hauteur ne dépasse guère 20 cm, elle n'entre pas dans la confection des bouquets. Toutefois, la corbeille-d'or fait un joli présent à offrir dans une potée ou une jardinière, qu'elle couvrira complètement de fleurs. Vous pouvez ajouter un petit clin d'œil à votre cadeau en présentant la corbeille-d'or... dans une corbeille en osier, histoire de dérider un peu la belle qui vous fait languir.

Le saviez-vous ?

- Le nom *Alyssum* vient du grec *a*, préfixe privatif et *lyssa*, rage, allusion à la réputation (fausse) de la plante de pouvoir guérir la rage.
- On appelle l'alysse « alysson ».
- *Alyssum saxatile* doit son nom d'espèce à sa faculté de pousser sur les rochers, ce qui définit une plante dite « saxatile ».
- « Alysse des rochers », « gazon de Marie » et « corbeille des dieux » sont les diverses autres appellations de la corbeille-d'or.

« *Jolie corbeille d'or,*
dont les feux étincellent,
Tu apaises les élans
du cœur des jouvencelles
Gazon de Marie aux élans vertueux,
Ton corps velouté est
la corbeille des dieux. »

(Jean-Paul Pesty)

CHEZ LE FLEURISTE > septembre à avril (en pot)
DANS LE JARDIN > avril et mai
COULEUR > jaune d'or
NOMS BOTANIQUES > *Aurinia saxatilis, Alyssum saxatile, A. wulfenianum,*

Hysope

« Tu es indifférente »

En dépit de ses vertus médicinales certaines, l'hysope exprime la froideur dans le langage des fleurs.
Recevoir un bouquet d'hysope est un avertissement en forme de plainte qui signifie : « pourquoi me fuis-tu ? », « je souffre de ton imperméabilité à mes avances », « ton détachement me peine », « es-tu vraiment insensible à mon amour ? » Si la plante a été conservée déshydratée, son message sera encore plus frappant, disant : « tu as le cœur sec ». L'hysope s'offre tout aussi bien en beau bouquet arrondi, serré dans un lien de raphia, que sous la forme d'un seul brin glissé discrètement dans une composition florale plus sophistiquée, qui cherche encore à séduire. Présentée dans le contexte d'une relation déjà aboutie mais orageuse, la missive de l'hysope continue à s'interroger sur l'indifférence de la personne aimée, mais aussi sur sa froideur, c'est-à-dire son refus de l'amour physique. Attention : dans un couple fusionnel et harmonieux, se donner un brin d'hysope, c'est clamer : « je me sacrifierai pour toi », ce qui se traduit par : « je t'aime plus que tout ».

Le saviez-vous ?

- En Suisse et en Allemagne, les moines glissaient dans leur livre de prière un brin d'hysope, dont le parfum pénétrant les empêchait de s'assoupir durant les offices.
- L'huile essentielle d'hysope, fortement aromatique, est très prisée dans la parfumerie.
- L'hysope est mentionnée dans la Bible, comme une petite plante que l'on oppose souvent au cèdre, symbole de grandeur, image reprise dans la littérature.

« *… Il y a du talent dans les deux derniers actes ; mais c'est du second ordre et autant au-dessous d'Hernani que l'hysope est au-dessous du cèdre, quoique avec assez de prétention pour l'égaler.* »

(Sainte-Beuve)

CHEZ LE FLEURISTE > avril et mai en pot
DANS LE JARDIN > juin à septembre
COULEURS > violet, blanc
NOM BOTANIQUE > *Hyssopus officinalis*

Julienne des jardins

« Je t'attends sans espoir »

Légère, charmante, affriolante, la julienne des jardins s'offre comme un acte ultime de séduction.
C'est la fleur des soupirants opiniâtres, des amoureux accrocheurs qui ne se laissent pas facilement éconduire et offrent de généreux bouquets pour dire : « je t'aime sans espoir, mais je t'attends quand même ». Avec la julienne rien ne vous paraît impossible, vous tentez votre chance, espérant séduire la demoiselle convoitée grâce au parfum étourdissant qu'exhalent ses fleurs. Champêtre, gaie, un brin fofolle, la julienne des jardins s'offre dans une sorte de défi qui, selon votre tempérament, peut signifier l'abandon de la partie ou au contraire que vous acceptez le challenge de la séduction. Attention : la julienne a aussi été associée à la tromperie, parce qu'elle est inodore le jour, mais dotée d'un parfum enivrant dès que survient la tombée de la nuit.

Le saviez-vous ?

- Mélangées à du vinaigre et du miel, les graines de julienne servaient à confectionner des préparations cosmétiques pour effacer les taches de rousseur et les petits boutons sur le visage.
- La julienne double à fleurs blanches était la fleur préférée de Marie-Antoinette, d'où le nom de « belle dame de France » donné à la plante en Angleterre.
- Julienne est aussi un prénom féminin qui se fête le 2 août.

Sens dessus dessous

- *Hesperis* vient du grec *hesperos*, soir, période où les fleurs sont les plus parfumées. Le nom d'espèce *matronalis* fait allusion à la fête romaine des Matronalia, le 1er mars, où toutes les mères célébraient Junon Lucina, déesse de l'Enfantement.

CHEZ LE FLEURISTE > mai et juin
DANS LE JARDIN > juin et juillet
COULEURS > rose, blanc, mauve
NOM BOTANIQUE > *Hesperis matronalis*

Laurier de st Antoine

« J'ai fait vœu de chasteté »

Portée à la boutonnière, la fleur de laurier de saint Antoine est une marque élégante d'abstinence.

Plante vertueuse entre toutes, l'épilobe en épi, que l'on appelle volontiers « laurier de saint Antoine », doit cette symbolique à ce riche paysan qui vers l'an 270 devint ermite et sut résister à toutes les tentations. La plante, qui dépasse un mètre de haut, porte des fleurs légères, aériennes, translucides, qui exhalent un parfum fruité et doucereux, presque écœurant. Cette étrange fragrance serait-elle destinée à évincer les prétendants ? Le fait est que les jeunes filles de jadis n'hésitaient pas à afficher leur virginité en arborant cet épilobe agrafé sur leur corsage.

Aujourd'hui, l'innocence frisant le ridicule, la fleur de l'épilobe a perdu sa symbolique première pour être perçue comme un hommage à la grâce et à la simplicité d'une jeune fille que l'on courtise en tout bien tout honneur.

Le saviez-vous ?

- Né en Égypte vers 250, saint Antoine fonda les premiers monastères chrétiens dans ce pays. Il appréciait beaucoup l'épilobe, qui lui fut associé.
- Les épilobes sont des plantes médicinales dont on utilisait jadis la décoction de racines en bains de bouche contre les aphtes.
- Les jeunes pousses des épilobes peuvent se consommer en salade ou être cuites comme un légume ; elles ont alors un goût d'asperge.

« *Je me fraye un sinueux chemin*
À travers les champs, les jachères,
Et les territoires des fées,
Au milieu de l'épilobe
et de la mauve. »

(Alfred Tennyson)

CHEZ LE FLEURISTE > juin à septembre
DANS LE JARDIN > juin à septembre
COULEURS > rose pourpré, rose pâle, mauve, blanc
NOM BOTANIQUE > *Epilobium angustifolium*

Symphonie inachevée…

Lis blanc

« Innocence et virginité »

Image de la pureté, de la chasteté, le lis blanc est la fleur des saints, dans leur innocence et leur félicité.

Même si la fleur immaculée du lis candide ou des divers hybrides de lis à fleurs blanches personnalise l'image d'Épinal de l'innocence et de la vertu, pas besoin d'être un saint pour en offrir ou de jouer les saintes-nitouches pour en recevoir. Après tout, cette fleur, qui s'est fait une virginité grâce à l'image pieuse et parfaite de la liturgie chrétienne, exhale un des parfums les plus sensuels et les plus érotiques que nous offre le monde végétal. On la choisira toutefois pour exprimer des sentiments purs qui scellent une relation durable ou en guise de compliment pour dire : « tu es la pureté même », soit en clair une beauté divine ! Mais le lis blanc peut aussi être un simple prétexte pour suggérer un amour fort mais secret, comme l'a évoqué en ces mots Émile Zola : « Les lis leur offraient un refuge de candeur, après leur promenade d'amants. »

Le saviez-vous ?

- On dit que le lis blanc serait né des larmes d'Ève le jour où elle quitta le jardin d'Éden.
- Le lis blanc est dédié à la Vierge Marie (fêtée le 15 août). Dans les représentations de l'Annonciation (25 mars), il apparaît de manière traditionnelle dans les mains de l'archange Gabriel et sert à la décoration de l'autel.
- Un crucifix orné d'une généreuse guirlande de lis est le symbole sacré de la pureté du cœur.

« *Noble fils du soleil*
le lys majestueux
Vers l'astre paternel
dont il brave les feux
Élève avec orgueil sa tête souveraine,
Il est le roi des fleurs
dont la rose est la reine. »

(M. de Boisjolin)

CHEZ LE FLEURISTE > toute l'année
DANS LE JARDIN > juin à septembre
COULEUR > blanc à étamines jaune d'or
NOM BOTANIQUE > *Lilium candidum*

Sandersonia

« Notre amour restera caché »

La forme humble et gracieuse des clochettes orangées du sandersonia aide à dissimuler vos sentiments.
En dépit de son coloris éclatant, de son originalité qui ne laisse jamais indifférent et de sa provenance de lointaines contrées qui évoquent des aventures exotiques, le sandersonia symbolise l'amour caché. C'est la fleur des sentiments que l'on n'ose avouer en raison d'une situation délicate ou parce qu'on imagine illusoire l'issue de la relation. Cette fleur subtile et raffinée, dont les clochettes semblent cacher un trésor, s'offre en forme de message voilé. Vous ne pouvez pas vous déclarer, mais il faut qu'elle connaisse votre doux secret. Votre cœur va enfin pouvoir se délivrer des tourments qui le font palpiter ! La discrétion reste de mise et une seule branche bien fleurie, présentée dans un écrin raffiné et discret, suffira pour confier votre secret. Dans une situation plus claire, le sandersonia vous aidera à dire : « mon amour s'ouvre à toi » ou à exprimer des sentiments amoureux intenses, mais emprunts de tact et d'une exquise galanterie.

Le saviez-vous ?

- En Afrique du Sud, les Zoulous attribuent au sandersonia des propriétés aphrodisiaques. Cette plante est aussi utilisée localement par les sorciers dans les philtres magiques destinés à conjurer le mauvais sort.
- La culture du sandersonia a été développée en Nouvelle-Zélande. Il s'en produit aujourd'hui dans le monde entier pour la fleur coupée dont la tenue en vase dépasse souvent huit jours.

« *Sandersonia, sage*
clochette de Noël,
Tinte, fille du Cap,
africaine jouvencelle ;
Sonne mon amour
aux oreilles de ma belle,
Et libère les flots
qu'en secret je recèle. »

(Michel Bretegnier)

CHEZ LE FLEURISTE > juillet à octobre
DANS LA MAISON > juillet et août
COULEURS > jaune soufre, orange
NOM BOTANIQUE > *Sandersonia aurantiaca*

Scabieuse

« Amour malheureux »

En dépit de la délicate ciselure de sa corolle et de sa finesse, cette fleur véhicule un message triste. La couleur pourpre foncé de certaines espèces sauvages de scabieuse est considérée comme le symbole de l'infortune en amour. On offre cette fleur lors d'une liaison qui n'aboutit pas, pour signifier le chagrin d'un amour que l'on espérait mais qui semble désormais improbable. Il est aussi possible de suggérer une interrogation dans un bouquet de scabieuses. Dans ce cas, il va se traduire par : « pourquoi ne m'aimes-tu pas ? » ou « j'ai le mal de toi ». C'est un des plus probants messages que cette fleur transmet lorsque son coloris est bleu foncé ou pourpre.

En revanche, un vaporeux bouquet de scabieuses bleu clair, composé de façon naturelle, signifie : « en rêve je t'ai aimée ». Il y a en sous-entendu une volonté de rupture, qui dans la rudesse du langage d'aujourd'hui dit : « n'y pense surtout pas, même en rêve » ou, au contraire, une déclaration déguisée : « et si mon rêve se réalisait ? »

Le saviez-vous ?

- La scabieuse, avec son aspect scabieux (galeux), était réputée guérir la gale (*scabies* en latin).
- On raconte qu'un jour le diable mordit dans une racine de scabieuse parce qu'il ne voulait pas laisser prospérer cette plante aux vertus médicinales. C'est pourquoi on l'appelle « mors-du-diable » ou « bâton du diable ».
- Jadis considérée comme une véritable panacée, la scabieuse est surtout expectorante.

« *La scabieuse donne une jolie fleur d'un bleu mourant, et à fond noir piqueté de blanc. On la croirait en deuil. On l'appelle aussi pour cette raison « fleur de veuve ». Elle se plaît dans les lieux âpres et battus des vents.* »

(Bernardin de Saint-Pierre)

CHEZ LE FLEURISTE > juin à septembre
DANS LE JARDIN > juin à septembre
COULEURS > bleu et blanc, pourpre et blanc
NOMS BOTANIQUES > *Scabiosa caucasica, Scabiosa atropurpurea*

Violette

« Dissimulons notre relation »

Discrète, souvent dissimulée sous le feuillage, la fleur de violette masque l'amour qu'elle exprime en parfum. Depuis l'Antiquité, ses doux effluves enjôleurs font de la violette, fleur dédiée à Aphrodite, un puissant symbole d'amour. En raison de sa petite taille et de ses pétales fragiles, cette fleur exprime avec pudeur la timidité des sentiments et même la difficulté à les avouer. La violette entourée de ses feuilles dit clairement : « dissimulons notre amour ». La violette a joué un grand rôle dans le langage des fleurs. Dans un dîner, les garçons célibataires se signalaient par deux violettes fixées à leur boutonnière. Lors d'un bal, une jeune fille dont le cœur était à prendre portait dix violettes et un brin de jasmin. Une dame seule, qui ne désirait pas le rester, portait vingt violettes et une rose. Et, pour s'attirer les grâces de la grand-mère de sa fiancée, le jeune homme devait lui offrir... 1 000 violettes !

Sens dessus dessous

- Vénus ayant épousé Vulcain, ne put se résoudre à le suivre aux enfers. Alors, il se couronna de violettes et la belle déesse subjuguée par leur parfum, suivit son mari par-delà le Rubicon.
- Dans l'Antiquité, on parsemait la couche nuptiale des jeunes mariés avec des fleurs de violettes, en guise de vertu et de fidélité.
- Un bouquet de violettes dans une jolie boîte s'offre à la dame que l'on vient de conquérir.

« *L'obscure violette, amante des gazons,*
Aux pleurs de la rosée, entremêlant ses dons,
Cherche à cacher sous leurs voiles propices,
D'un prodigue parfum, les discrètes délices.
Elle est l'emblème d'un cœur
qui répand en secret,
Sur le malheur timide
un modeste bienfait. »

(M. de Boisjolin)

CHEZ LE FLEURISTE > février et mars
DANS LE JARDIN > mars et avril
COULEURS > violet, blanc, bleu
NOM BOTANIQUE > *Viola odorata*

Dites-le aussi avec ces fleurs…

Voici une liste complémentaire de plantes qui, par leur élégance discrète et leur modestie, célèbrent la tempérance et la vertu. Elles jouent un rôle modérateur dans les envolées amoureuses et servent à mettre fin de manière délicate à des situations difficiles ou ambiguës…

Balsamine *(Impatiens balsamina)*
« pourquoi dédaigner mon amour ? »

Centaurée jaune *(Centaurea macrocephala)*
espoir d'amour déçu, célibat

Digitale *(Digitalis purpurea)*
amour fatal

Gattilier (agneau chaste) *(Vitex agnus-castus)*
pureté, chasteté

Genévrier commun *(Juniperus communis)*
amour platonique

Gypsophile *(Gypsophila spp.)*
cœur pur

Lis martagon *(Lilium martagon)*
virginité

Liseron d'ornement
(Convolvulus cneorum, Convolvulus sabatius)
« tes assiduités m'importunent »

Œillet strié
(Dianthus plumarius, Dianthus chinensis)
« je te refuse mon amour », « désolé, je ne peux rester avec toi »

Saule noir *(Salix nigra)*
anaphrodisiaque

Sensitive *(Mimosa pudica)*
extrême pudeur

Tulipe jaune *(Tulipa x hybrida)*
amour sans espoir, amour impossible, amour désespéré

Espérance

La constance et la pureté du cœur évoqués par le gypsophile viennent adoucir le sentiment d'amour sans espoir propre à la tulipe jaune. Rien n'est définitif dans ce bouquet dont le feuillage laisse entrevoir dans toute sa fantaisie la possibilité d'une issue heureuse. Une composition à offrir en guise de question pour exprimer : « laisseras-tu un peu d'espoir à mon amour ? »

Orage

L'explosion colorée de végétation qui caractérise ce bouquet manifeste avec une grande subtilité les troubles du cœur. La scabieuse souligne des amours malheureuses, tandis que l'astilbe marque un désir de laisser passer l'orage dans l'attente de jours meilleurs.

À quand l'amour ?

Associant le classicisme à la modernité, ce bouquet met en exergue un refus d'amour par les œillets striés. En se limitant à ces fleurs, on devrait lire : « désolé, je ne peux rester avec toi ». La présence élégante et légère des gypsophiles nuance le propos, entrouvrant une ouverture si vous faites preuve de constance.

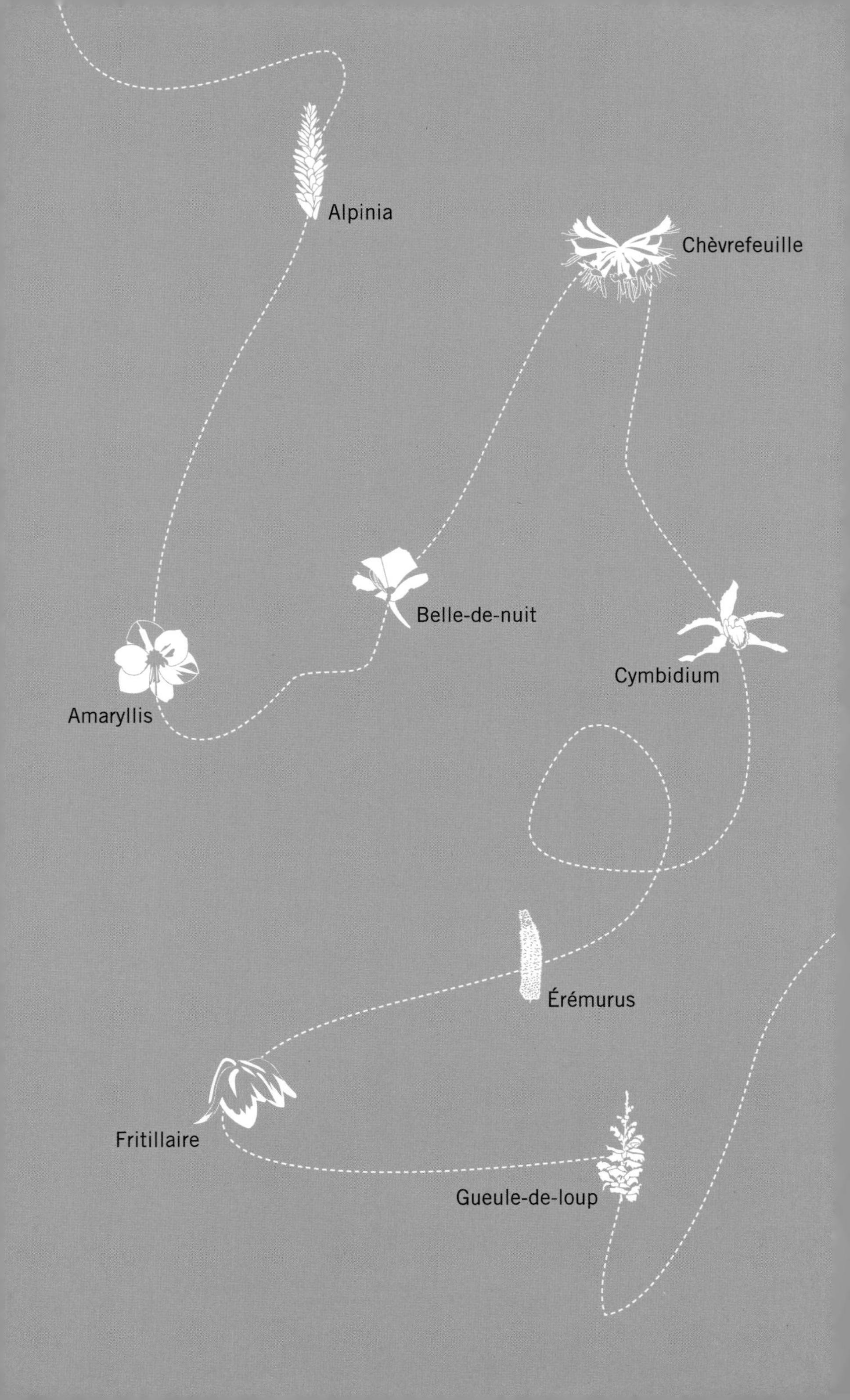
Alpinia
Chèvrefeuille
Belle-de-nuit
Amaryllis
Cymbidium
Érémurus
Fritillaire
Gueule-de-loup

la conclusion

Alpinia

« Je m'engage à t'aimer »

Dressée, turgescente, et d'un rouge qui en dit long sur votre ardeur, la fleur de l'alpinia promet l'amour fort. Comme des lèvres pulpeuses invitant au baiser, l'épi flamboyant de l'alpinia est formé de bractées épaisses, charnues, d'une rare sensualité. Cette inflorescence, qui peut dépasser 50 cm de long, est portée par de longues tiges rigides qui en font un bouquet majestueux et plantureux. Tout invite à l'amour chez l'alpinia et son origine sud-asiatique apporte le petit brin de mystère qui renforce l'érotisme du message. C'est de l'excitation amoureuse pure et simple, l'expression d'un désir charnel intense, quasiment l'exhortation à ce qu'elle vous cède dans l'instant.

Si vous mélangez des alpinias roses avec des rouges dans votre bouquet, l'incitation à l'acte d'amour se renforcera d'un message appelant à une relation plus profonde, plus intense plus durable.

Le saviez-vous ?

- Le nom *Alpinia* a été donné en l'honneur du botaniste italien Prospero Alpino (1553 - 1616). Le genre *Alpinia* a été créé par William Roxburg (1751 - 1815).
- Le petit galanga (*Alpinia officinarum*) et le grand galanga (*Alpinia galanga*) sont des plantes officinales réputées sous les tropiques. Leur rhizome contient des huiles volatiles et des résines stomachiques et excitantes, d'où leur réputation aphrodisiaque.

« *Charnu comme mes lèvres enflammées,*
Ton épi jaillit, braise incandescente,
Flambeau érigé de mes rêves d'amante,
Aiguillon de mille désirs d'être aimée.
Alpinia, nymphe du bout du monde,
Gingembre rouge des îles si fécondes,
Tes fleurs aux couleurs des beaux jours,
Incarnent l'altière promesse de l'amour. »

(Marthe Lalouette)

CHEZ LE FLEURISTE > toute l'année
DANS LE JARDIN TROPICAL > toute l'année
COULEURS > rouge, rose
NOM BOTANIQUE > *Alpinia purpurata*

Viens te perdre dans mes bras...

Amaryllis

« *Maintenant tu es à moi* »

Orgueilleuse et conquérante, l'amaryllis à grandes fleurs affiche l'assurance de qui est parvenu à ses fins. Dans son nom botanique *Hippeastrum*, qui signifie « étoile du chevalier », on retrouve déjà l'image de fierté et l'aura de satisfaction qu'exprime l'amaryllis à grandes fleurs. Par ses dimensions impressionnantes, et l'exposition quasi outrecuidante de ses attributs reproducteurs, cette fleur affiche l'image insolente de l'amant triomphant. Vous éviterez d'ordinaire d'offrir cette fleur sous forme de bouquet à une personne que vous chérissez et que vous respectez, car elle se pare alors d'une image peu flatteuse. La brassée de fleurs d'une variété d'amaryllis rouge est redoutable, car elle signifie : « je me sens le meilleur de tous tes amants ». En revanche, la fleur présentée en pot et en boutons dans une teinte douce et nuancée exprime de manière élégante et discrète le bonheur d'avoir réussi à conquérir le cœur et le corps de votre élue. Elle lui dévoile aussi votre félicité, la remerciant de vous avoir cédé.

Le saviez-vous ?

- L'amaryllis est comparée à une beauté hautaine qui éclipse toutes les autres par son éclat admirable. C'est un symbole d'ambition qui peut s'offrir dans un couple dynamique et conquérant.
- L'amaryllis est une coquine qui peut signifier : « je préfère les amourettes et non m'engager ».
- Lorsqu'il est du genre masculin, le mot « amaryllis » désigne un papillon de nuit de la famille des Satyridés : *Epinephele tithonus*.

C'est le bouquet !

- L'amaryllis dure dix jours dans un vase à col haut contenant de 5 à 7 cm d'eau. N'ajoutez pas de nourriture pour fleurs coupées. Coupez la base de la tige de 2 cm tous les trois jours afin de bien prolonger la vie de la fleur.

CHEZ LE FLEURISTE > octobre à mai
DANS LE JARDIN > novembre à mars
COULEURS > rouge, blanc, rose, panaché
NOM BOTANIQUE > *Hippeastrum* x *hybridum*

Belle-de-nuit

« Premiers pas vers l'amour »

Fleur discrète, timide, la belle-de-nuit transmet pourtant un message direct, bien en accord avec son nom. Les trompettes odorantes de la belle-de-nuit, dont les corolles languissantes assurent un épanouissement voluptueux jusqu'au petit matin, diffusent clairement le message : « passons la nuit ensemble ». Le bouquet peut se lire en forme de demande de rendez-vous et il suffit que la dame en cueille une fleur et se la glisse dans les cheveux pour signifier un acquiescement. La rencontre aura lieu le soir même. Il peut aussi s'agir d'une tentative aventureuse, d'un premier pas osé vers la conclusion tant attendue. Dans ce cas, si la belle porte le bouquet à son visage comme pour s'extasier du parfum des fleurs, tout en fermant les yeux dans un élan ravi, vous aurez gagné la partie ! Attention, la belle-de-nuit exprime aussi de la timidité et peut signifier : « pour que notre amour survive, il doit rester discret ». Avant d'aller plus loin, assurez-vous que votre message a bien été compris au premier degré.

Le saviez-vous ?

- Le nom « belle-de-nuit » vient du fait que les fleurs éclosent vers 16 h et restent ouvertes la nuit.
- Le nom de genre *Mirabilis* est un terme latin qui signifie « magnifique », allusion à la beauté de la floraison de cette plante.
- On l'appelle aussi « nyctage », « faux jalap », « merveille du Pérou », « il est quatre heures ».
- « Belle-de-nuit » désigne aussi un oiseau insectivore commun en Europe : la rousserolle.

« *Solitaire amante des nuits,*
Pourquoi ces timides alarmes,
Quand ma muse au jour que tu fuis,
S'apprête à révéler tes charmes ?
Si par pudeur, aux indiscrets,
Tu caches ta fleur purpurine,
En nous dérobant tes attraits,
Permets au moins qu'on les devine. »

(Constant Dubos, *la Belle-de-nuit*)

CHEZ LE FLEURISTE > juin à septembre
DANS LE JARDIN > juin à septembre
COULEURS > jaune, rose, rouge, blanc
NOM BOTANIQUE > *Mirabilis jalapa*

Chèvrefeuille

« Union charnelle »

L'enchevêtrement des tiges souples et lascives du chèvrefeuille symbolise bien les étreintes amoureuses. Avec ses longs bras ornés de bijoux parfumés qui s'enlacent avec volupté, le chèvrefeuille se prête aisément à l'image de l'amour. Pour symboliser une volonté de conclure, il s'offre en couronne dans un entrelacs expressif de rameaux fleuris. Dans une démarche plus timide, contentez-vous d'entortiller quelques lianes fleuries de chèvrefeuille autour d'un bouquet de fleurs rouges, symbole d'amour ardent. Mais attention, chez le chèvrefeuille c'est la variété à fleurs roses qui fait passer le message le plus sensuel et celui d'un attachement amoureux.

Il n'y a pas que du désir charnel dans la signification du chèvrefeuille ; celui-ci sous-entend aussi un réel attachement et, donc, une relation durable. Les variétés à fleurs blanches s'offrent en gage d'amitié et les rouges entre époux, référence à la tendre longévité de leur union.

Le saviez-vous ?

- Autrefois, on n'offrait pas de chèvrefeuille à une jeune fille, car cela sous-entendait qu'elle était de mœurs légères !
- Offrir un plant ou une potée de chèvrefeuille est le gage d'une amitié qui résistera au temps.
- Le genre *Lonicera* est dédié à Adam Lonicer, médecin et naturaliste allemand (1528-1586).
- Le nom « chèvrefeuille » vient du goût prononcé que portent les chèvres aux feuilles de la plante.

« *Le chèvrefeuille s'attache au coudrier. Quand il l'a pris et enlacé et qu'il s'est mis autour du tronc, ensemble ils durent. Mais si, ensuite, on veut les désunir, bien vite meurt le coudrier, et aussi vite meurt le chèvrefeuille. Belle amie, ainsi est de nous : ni vous sans moi, ni moi sans vous !* »

(Marie de France)

CHEZ LE FLEURISTE > juin à octobre
DANS LE JARDIN > juillet à septembre
COULEURS > blanc et jaune, rouge et blanc
NOM BOTANIQUE > *Lonicera spp.*

Cymbidium

« J'ai envie de t'aimer »

Vraiment gracieuses et aériennes, les fleurs du cymbidium invitent aux ébats amoureux.

Même si aujourd'hui l'offrande d'orchidées n'a plus la connotation magique d'antan, les coloris aussi étonnants que variés de ces fleurs restent un moyen de séduction fort efficace. Le cymbidium allie l'originalité de ses teintes, où se côtoient souvent le vert et le marron, à une ampleur très exceptionnelle dans la famille des Orchidacées. Chez les plus grands hybrides, une potée peut atteindre 1 m de haut et porter une dizaine d'inflorescences. L'intensité du message ne passe donc pas inaperçue. Avec un cymbidium, vous ne faites pas dans la dentelle et dites clairement : « sois à moi », « j'ai envie de t'aimer », « je veux te posséder », faisant ainsi passer un message d'amour charnel sans ambiguïté. La sensualité s'exprime dans le mélange improbable de teintes, que le plus créatif des peintres n'aurait jamais osé associer. Une manière d'exprimer votre créativité dans le domaine des aventures exotiques…

Le saviez-vous ?

- Le nom *Cymbidium* vient du grec *kymbos*, qui signifie « cavité », allusion à la forme creuse de la base du labelle. Le créateur du genre est le botaniste suédois Olof Swartz qui le décrivit en 1800. Les botanistes ont recensé 44 espèces sauvages de *Cymbidium*.
- Les Anciens qualifiaient les orchidées de « scandale du monde », estimant qu'il s'agissait de créatures à mi-chemin entre l'insecte et le végétal.

La petite histoire

- Le premier cymbidium hybride a été obtenu en 1889 en Angleterre par les pépinières Veitch à partir d'un croisement entre *Cymbidium eburneum* et *Cymbidium lowianum*. Aujourd'hui, il existe plusieurs milliers de cultivars différents.

CHEZ LE FLEURISTE > toute l'année, mais surtout en automne et en hiver
DANS LA MAISON > septembre à avril
COULEURS > tous les coloris
NOM BOTANIQUE> *Cymbidium* x *hybridum*

Érémurus

« Je te désire plus que tout »

L'immense épi érigé de l'érémurus évoque l'image grivoise de Priape et de ses désirs sans cesse inassouvis. Fleur symbole de l'appétit d'amour masculin, qui confine passablement à l'arrogance, avec ses épis bien dressés, qui atteignent 1 m de hauteur, l'érémurus incarne le symbole de l'attirance irrésistible. Il sous-entend aussi un besoin vorace et un potentiel de performances, qui ne sont pas à la portée du premier venu. Il faut donc savoir le manier avec précaution et en jouer avec humour, au risque de passer pour un « m'as-tu-vu ». La présentation joue avec cette plante un rôle prépondérant, de même que la manière d'offrir les fleurs. Évitez les emballages pompeux, les gerbes délirantes et les assemblages en compositions classiques trop architecturées. Préférez le clin d'œil de la fleur unique glissée dans une jolie boîte ou qui darde son épi au milieu d'un assortiment d'espèces modestes, mais rouges bien sûr !

Le saviez-vous ?

- Le nom *Eremurus* vient du grec *eremos*, solitaire, et *oura*, queue, allusion aux inflorescences portées par un épi unique.
- On appelle aussi l'érémurus « cierge des steppes », « lis des steppes », « aiguille de Cléopâtre » ou « lis queue-de-renard ».
- Il existe environ 50 espèces d'*Eremurus*. Toutes sont des plantes vivaces venant de l'Asie centrale et appartenant à la famille des Asphodélacées.

« *Radieuse tige virile tendue vers les cieux,*
Tu dresses, lis des steppes, ton épi orgueilleux.
De mille et une étoiles d'or ton membre étincelle,
Rétrogradant Priape à vulgaire bagatelle.
Bouquet d'exception, turgescent phallus
Du désir d'amour tu es l'arme, érémurus. »

(Ferdinand Loubeyre)

CHEZ LE FLEURISTE > avril à juin
DANS LE JARDIN > mai et juin
COULEURS > jaune, blanc, rose, saumon
NOMS BOTANIQUES > *Eremurus himalaicus, E. robustus, E. x isabellinus, E. spectabilis*

Fritillaire

« Je ne saurais rien te refuser »

Sous leurs innocents atours, les très gracieuses clochettes de la fritillaire expriment l'aboutissement du désir.

Au premier degré, le message de la fritillaire affiche une délicieuse déclaration : « tu es tout pour moi, je ne peux rien te refuser ». Mais il dissimule en réalité une intention plus précise et doit s'entendre en ces mots : « je suis prêt à tout pour te satisfaire », « passons à l'acte et tu ne le regretteras pas ».

Plantes assez rares, dont le bouquet doit être entendu comme une attention délicate et une offrande précieuse, les petites fritillaires se parent de couleurs étonnantes qui extériorisent avec subtilité les choses secrètes de l'amour. La connotation érotique se renforce singulièrement lorsque la dame arbore quelque brin de fritillaire. Avec la fleur portée sur la robe, à la boutonnière, non loin du cœur, la belle accepte de céder par amour. Si la fritillaire est plantée sur un chapeau, c'est un accord pour des ébats fougueux, mais certainement sans lendemain.

Le saviez-vous ?

- On connaît une centaine d'espèces de fritillaires, plantes bulbeuses originaires de Turquie, d'Asie Mineure et du Midi.
- Les fritillaires sont des plantes très toxiques contenant de la fritillarine, un alcaloïde qui agit sur le cœur. Ce poison étant détruit par la cuisson, les bulbes ont jadis été consommés cuits.
- Dans le monde animal, un tunicier (invertébré marin) porte également le nom *Fritillaria*.

Sens dessus dessous

- Le nom de genre *Fritillaria* vient du latin *fritillus*, cornet pour jouer aux dés, objet dont la forme rappelle celle des fleurs.
C'est Karl von Linné, le célèbre naturaliste suédois du XVIIIe siècle, qui a nommé la plante en 1753.

CHEZ LE FLEURISTE > mars à juin
DANS LE JARDIN > avril à juin
COULEURS > pourpre, vert, violet, jaune
NOM BOTANIQUE > *Fritillaria spp.*

Gueule-de-loup

« Je t'espère avec passion »

Avec ses très grosses lèvres qui semblent réclamer un baiser, la fleur du muflier évoque un désir brûlant. Bien qu'elle porte les noms peu engageants de « muflier », « mufle-de-lion » ou « tête-de-veau », la gueule-de-loup est un appel à l'amour ! Sa petite tête grimaçante a beau évoquer une gargouille plutôt qu'une nymphe, cette fleur aux couleurs intenses figure l'étreinte charnelle dans le langage des fleurs du XIXe siècle. Pulpeuse et veloutée, parée de couleurs ardentes, la gueule-de-loup crie votre désir tout en cherchant à séduire. Elle peut signifier : « viens le plus vite possible », ce qui se résume à « j'ai envie de toi » ou même : « mes désirs sont farouches, ne compte pas sur ma délicatesse ». En fait, tout est question d'intensité des couleurs, plus le rouge est violent et foncé et plus votre impatience de conclure est évidente.

Sens dessus dessous

- Pour les Anglo-Saxons, le muflier évoque un dragon prêt à mordre (d'où son nom anglais de « *snapdragon* »). Ils lui attribuent des pouvoirs surnaturels qui annihilent les envoûtements, tout en protégeant de la sorcellerie.
- Le nom « gueule-de-loup » vient de la forme irrégulière de la corolle, qui évoque un mufle. On peut, en appuyant sur la fleur, entrouvrir son petit museau velouté et y découvrir un insecte.

C'est le bouquet !

- Dans une composition florale, on place le muflier au-dessus des autres fleurs, ses longues tiges donnant un bel élan au bouquet. Taillez en biseau la tige, plongez-la dans de l'eau à 40 °C et laissez refroidir, la fleur résistera mieux.

CHEZ LE FLEURISTE > avril à octobre
DANS LE JARDIN > mai à septembre
COULEURS > rouge, rose, blanc, jaune
NOM BOTANIQUE > *Antirrhinum majus*

Rendez-vous au septième ciel...

Héliconia

« Je t'invite à des amours exotiques »

Fleur vaillante et charmeuse aux couleurs suggestives, l'héliconia fait exploser l'ardeur amoureuse.

Exposant aux regards ses attributs chatoyants dans une totale impudeur, l'héliconia appelle clairement à l'amour. Fleur d'apparat venue de contrées évocatrices de soleil et d'aventures mystérieuses, c'est un présent envoûtant et précieux, qui ne laisse jamais insensible. Charnues, solides, les bractées qui composent l'inflorescence expriment une explosion de sentiments qui mélangent la célébration de la beauté féminine avec une furieuse envie de faire l'amour. L'héliconia sollicite les faveurs de la belle pour des ébats extravagants, laissant ainsi passer l'idée d'une certaine expertise dans les jeux de l'amour. Fleur d'exception, d'une rare délicatesse, l'héliconia célèbre aussi le corps féminin, criant « ta beauté est magique », tout en laissant pressentir des jeux érotiques étourdissants et une ardeur amoureuse hors norme. Dans une relation établie, il dit également : « je t'adore ».

Le saviez-vous ?

- Le nom *Heliconia* évoque le mont Hélicon en Grèce, qui était considéré comme le royaume des Muses. Linné estimait cette plante proche des bananiers, dont le genre botanique *Musa* est dédié à ces déesses inspiratrices des arts et des poètes.
- Dans les pays tropicaux, on appelle l'héliconia « faux oiseau de paradis », « fleur perroquet », « oiseau de feu », « plantain sauvage », « pince de homard ».

« *Fleur d'Hélicon, terre des Muses,*
Oiseau de feu, parure des fées,
Des jeux de l'amour tu abuses
Nos corps fiévreusement échauffés.
Fille des tropiques, séduisante beauté,
D'ivresse voluptueuse assoiffée,
Dans un tourbillon d'amour décoiffée
Enfante des amours enchantées. »

(Marie Olivier)

CHEZ LE FLEURISTE > toute l'année
DANS LE JARDIN TROPICAL > toute l'année
COULEURS > rouge, jaune, orange
NOM BOTANIQUE > *Heliconia spp.*

Crac, boum, ah !

Hémérocalle

« Découvrons le plaisir »

L'explosion éphémère de la fleur d'hémérocalle est évocatrice d'une recherche de jouissance partagée. Parée de couleurs chaleureuses évocatrices d'amour, la corolle de l'hémérocalle découvre ses parties nobles avec une ingénuité audacieuse qui invite à des amours langoureuses. En raison de son aspect éphémère, cette fleur délivre un message spontané : « profitons de l'occasion pour découvrir le plaisir », ou encore : « faisons l'amour au plus vite ». L'hémérocalle jaune va même plus loin, puisque, dans le langage traditionnel des fleurs, elle est une invitation à l'adultère. Attention, une dame qui arbore une fleur d'hémérocalle sur son corsage ne se montre pas forcément réceptive aux ébats. Elle indique avec coquetterie : « persévérez dans vos sentiments », ce qui est un encouragement, mais sans plus.

Le saviez-vous ?

- Le nom « hémérocalle » vient du grec *hêmera*, jour, et *callos*, beauté. On appelle d'ailleurs cette fleur « lis d'un jour » ou « belle d'un jour », car chaque corolle s'épanouit une seule journée.
- La fleur des hémérocalles hybrides est diurne, celle de *Hemerocallis citrina* et *H. thunbergii* s'ouvre aux alentours de midi et reste ouverte toute la nuit.
- Mâcher une fleur d'hémérocalle apaise les rages de dents.

La petite histoire

- Les Chinois font sécher les fleurs d'hémérocalles et les utilisent dans les soupes, pâtes et plats de viande sous le nom de *gum-jum* ou *gum-tsoy*. Les boutons et les pétales à la texture croquante ont un goût de haricot vert légèrement épicé.

CHEZ LE FLEURISTE > août à avril (plants)
DANS LE JARDIN > juin à août
COULEURS > rose, blanc, mauve, jaune, pourpre
NOM BOTANIQUE > *Hemerocallis* x

Hibiscus

« Allons jusqu'au bout »

Avec son énorme pistil dressé, cette fleur au symbole phallique exprime sans détour le désir sexuel.
Par son aspect, la fleur de l'hibiscus a beau se parer d'une délicatesse touchante, son message ne fait pas dans la dentelle : « j'ai envie de toi tout de suite », « ne laisse pas passer ta chance », « allons jusqu'au bout de nos désirs » sont les propos implicites lorsqu'on offre cette plante. L'intensité de votre appétit pourra être modulée en fonction de la couleur de la fleur et de ses dimensions. Attention, certains hybrides développent des corolles de plus de 20 cm de diamètre, ne soyez donc pas trop présomptueux ! On peut aussi voir un aveu moins provocant avec l'hibiscus rose tendre, de préférence offert en pot. Il évoque l'élégance et la distinction féminines. La fleur d'hibiscus étant assez éphémère, la plante entière symbolise une beauté fragile ou délicate, argument cette fois tout en finesse. Comme quoi le langage des fleurs cultive toujours la subtilité.

Sens dessus dessous

- À Tahiti, une fleur d'hibiscus portée par une femme sur l'oreille droite signifie : « je suis libre » ; sur l'oreille gauche : « mon cœur n'est plus à prendre ». Lorsque c'est un homme qui arbore la fleur, la signification est opposée. À droite : « je suis marié », à gauche : « je suis seul et cherche l'âme sœur ». Porté sur les deux oreilles, l'hibiscus dit : « je suis marié, mais en quête d'aventure ». Ne vous méprenez pas !

« *La nuit s'installe, étouffant*
tous les bruits de l'activité humaine.
Seul le tintement de la cloche
d'un chameau vient troubler l'obscurité.
Dans la lumière qui s'évanouit,
tandis que la lune décroît,
la première fleur d'hibiscus tombe. »

(Ch'en Yun)

CHEZ LE FLEURISTE > mai à juillet
DANS LA MAISON > juin à septembre
COULEURS > rouge, blanc, jaune, rose
NOMS > *Hibiscus rosa-sinensis, H. schizopetalus, H. moscheutos*

Laurier rose

« Merci de m'avoir aimé »

Le laurier rose s'offre volontiers en guise de remerciement à une dame qui a cédé à vos avances.

Fleur évocatrice des régions méditerranéennes, des beaux jours, du ciel bleu et des vacances, le laurier rose installe l'image du bonheur dans une relation amoureuse. Il s'offre dans la félicité d'une conquête aboutie, lorsque l'on s'est concilié les faveurs de la belle convoitée, ou plus simplement après qu'elle ait succombé à vos ardents assauts. Le message peut se résumer à : « je suis le plus heureux des hommes » et « qu'il fait bon t'avoir aimée ». En raison de la grâce naturelle de la plante et de la subtilité de ses couleurs, l'offrande d'un bouquet ou d'une généreuse potée de laurier rose est une manière élégante d'éviter le vulgaire « alors, heureuse ? » Attention, en raison de sa grande toxicité, le laurier rose indique aussi un danger ou dit : « prends garde ! »

Avertissement !

- Le laurier rose est hautement toxique. Il peut provoquer des irritations de la peau par simple contact et la mort par ingestion. On estime que le laurier rose est une des plantes d'Europe les plus dangereuses. Une seule feuille peut être mortelle pour l'homme. La consommation entraîne de violents troubles digestifs et cardiaques dus à l'oléandrine et à la folinérine, deux puissants alcaloïdes cardiotoxiques.

Sens dessus dessous

- Le nom d'espèce *oleander* qui a aussi donné le nom commun « oléandre », a été créé au Moyen Âge. Il vient du latin *olea*, olivier, car les feuilles présentent une similitude avec l'arbre de paix.

CHEZ LE FLEURISTE > mai à juillet
DANS LE JARDIN > juin à octobre
COULEURS > rose, blanc, saumon, rouge, crème
NOM BOTANIQUE > *Nerium oleander*

Liatride

« Partageons des caresses »

Appelé « plume du Kansas » en raison du toucher très doux de ses épis, le liatride aspire aux caresses.
Envie de tendresse, effleurement à la dérobée, le liatride est une plante câline dont le toucher soyeux évoque les préliminaires les plus tendres. La connotation très érotique de cette plante est renforcée par la hampe rigide, fièrement dressée qui ne laisse aucune équivoque. On perçoit l'expression du désir dans l'offrande d'un bouquet de liatrides et même une impérieuse intention de passer à l'acte au plus tôt !
Pour accentuer l'inspiration polissonne de votre message, arrangez les liatrides en gerbe évasée, ce qui fera implicitement allusion à l'explosion de vos sens et manifestera de façon encore plus ardente votre envie de conclure.
Attention, choisissez des variétés de liatride aussi claires que possible, les formes violettes transmettant plutôt une idée de tristesse.

C'est le bouquet !

- Excellente fleur coupée, le liatride se caractérise par son épanouissement du haut vers le bas de l'épi. La floraison dure plus longtemps en vase si vous fendez les tiges verticalement sur 3 cm et les plongez quelques secondes dans l'eau bouillante. Éliminez les boutons peu développés qui se trouvent à l'extrémité de l'épi. Conservez un maximum de feuillage et immergez la tige de 5 ou 6 cm.

Le saviez-vous ?

- *Liatris punctata* est également appelé « racine de serpent », car on utilisait sa racine en Amérique du Nord contre les morsures de serpents. Elle était appliquée en cataplasme sur la plaie, après avoir été finement râpée.

CHEZ LE FLEURISTE > mai à octobre
DANS LE JARDIN > juillet à septembre
COULEURS > mauve, blanc, rose violacé
NOM BOTANIQUE > *Liatris spicata*

Plante kangourou

« Tu me rends fou de désir »

Joyeuse fleur australienne, la plante kangourou figure une excitation débordante, une envie de conclure. Comme le trépidant animal dont elle porte le nom, la fleur kangourou vous fait bondir… Bondir de bonheur avec le cœur qui fait boum ! Et de lire à travers elle ce message enthousiaste : « tu es affriolante, bondissons vers l'amour ». C'est une image enfiévrée de dynamisme et d'exaltation, qui témoigne de façon quasi impertinente d'une ardeur autant sexuelle que sentimentale. Attention : les plus soupçonneuses ne manqueront pas de déceler un soupçon de vulgarité dans un bouquet ou une potée de plantes kangourou. L'attention peut être perçue comme un désir animal exprimé par cet égrillard jeu de mots : « j'ai envie de te sauter ! » La plante kangourou se présente comme un alléchant programme, mais elle doit être maniée avec circonspection pour éviter les gaffes et même peut-être une baffe…

Sens dessus dessous

- Le nom *Anigozanthos* dérive du grec *anogein*, ouvrir, et *anthos*, fleur, référence au périanthe qui forme un tube d'abord fermé, puis ouvert pour laisser apparaître les organes reproducteurs.
- La plante kangourou doit son nom à la disposition des fleurs dont les tubes veloutés des corolles évoquent la patte du kangourou. On l'appelle aussi « patte de kangourou », « patte de chat » ou « lis épée d'Australie ».

« *Du marsupial australien bondissant,*
Tu rappelles la patte puissante.
Plante kangourou, mon cœur frémissant
Cabriole, convoitant mon amante.
Ton pied joli, de velours et d'or vêtu
De mes désirs fous est l'ambassadeur.
Et mon âme se dévoile sans pudeur,
Fusion ardente de nos corps dévêtus. »

(Jean-Marie Rousse)

CHEZ LE FLEURISTE > mars à octobre
DANS LA MAISON > avril à septembre
COULEURS > vert, jaune, rose, rouge, crème, orange
NOM BOTANIQUE > *Anigozanthos spp.*

Tiaré

« Je t'invite à m'aimer »

Délicieusement ambiguë entre sa couleur virginale et son parfum sensuel, la fleur de tiaré appelle l'amour. Étoile à six branches joliment ciselée, la fleur de tiaré est irrésistible par son parfum enivrant, qui mélange à ravir la vanille, le jasmin, le sucre et les épices. C'est pourquoi elle symbolise le désir amoureux, l'excitation des sens, l'explosion de la libido. Dans le langage des fleurs du XIXe siècle, le tiaré, présenté en bouquets, proposait des échanges galants ou, comme on le disait joliment alors, une « aubade de nuit ». De nos jours, où l'on ne se conte plus guère fleurette, c'est purement et simplement solliciter une « partie de jambes en l'air ! » Mais il y a tant de raffinement, d'élégance et de finesse dans la fleur de tiaré qu'il ne pointe pas la moindre faute de goût ni même un soupçon de trivialité dans cette demande au demeurant bien osée. Attention, ne vous méprenez pas, la fleur de tiaré en Polynésie symbolise aussi l'accueil, l'amitié et le respect envers le visiteur.

Le saviez-vous ?

- Selon la légende, la fleur de tiaré serait née de la main d'Apetahi, princesse des îles, qui, perdant la vie dans les bras de son bien-aimé, proclama : « chaque matin, lorsque tu monteras sur la montagne, je te donnerai ma main à caresser ». Le tiaré apetahi ne pousse que sur les pentes du mont Temetahi à Raiatea.
- Le monoï de Tahiti est une macération de fleurs de tiaré, dans de l'huile de coprah.

La petite histoire

- Offrir un collier de fleurs de tiaré en signe de bienvenue est une coutume séculaire en Polynésie. Déjà, au XVIIIe siècle, le capitaine James Cook avait noté cette tradition en abordant les rivages des Îles sous le vent, en 1769.

CHEZ LE FLEURISTE > septembre à avril
DANS LA MAISON > septembre à avril
COULEUR > blanc pur
NOM BOTANIQUE > *Gardenia tahitensis*

Dites-le aussi avec ces fleurs...

Voici une liste complémentaire de plantes fortement chargées d'érotisme. Elles peuvent également faire partie des compositions destinées à enflammer les sens. Elles invitent sans détour aux effusions les plus voluptueuses...

Aristoloche *(Aristolochia spp.)*
étreinte, « je m'élèverai jusqu'à vous »

Épine-vinette *(Berberis spp.)*
pénétration

Gentiane jaune *(Gentiana lutea)*
« je suis à vous »

Incarvillée *(Incarvillea delavayi)*
invitation à l'amour

Ipomée écarlate
(Ipomoea coccinea, Quamoclit coccinea)
étreinte amoureuse

Linaire *(Linaria spp.)*
« aimons-nous comme des fous »

Liseron *(Convolvulus arvensis)*
« faisons l'amour », « enlaçons-nous »

Mélisse *(Melissa officinalis)*
« j'ai peine à maîtriser mon amour », « j'ai terriblement envie de toi »

Millepertuis *(Hypericum spp.)*
« je t'offrirai prochainement mon corps »

Oxalide
(Oxalis acetocella, Oxalis adenophylla)
« sois à moi ! »

Rose orangée *(Rosa* x *hybrida)*
« abandonne-toi à mes caresses »

Trèfle à quatre feuilles *(Oxalis deppei)*
« sois à moi », « laisse-toi aller »

Désir intense

Dominé par les gingembres rouges *(Alpinia)* qui avouent des sentiments amoureux exacerbés, doublés d'un fort désir charnel, ce bouquet n'a rien de sage. La composition s'inspire de l'ikebana pour préserver juste ce qu'il faut d'élégance et de convenance, mais elle en oublie aussi l'aspect dépouillé pour délivrer un message ardent. La présence des cymbidiums (orchidées) renforce votre volonté de séduire.

Opération séduction

Dans une ambiance d'un chic exotique indéniable, ce grand bouquet met en scène des orchidées (cymbidiums) pour faire l'aveu délicieux d'une invitation à des jeux érotiques. « Sois à moi » est sa confidence secrète la plus fervente. Une manière bien élégante et quasiment irrésistible de l'enjôler.

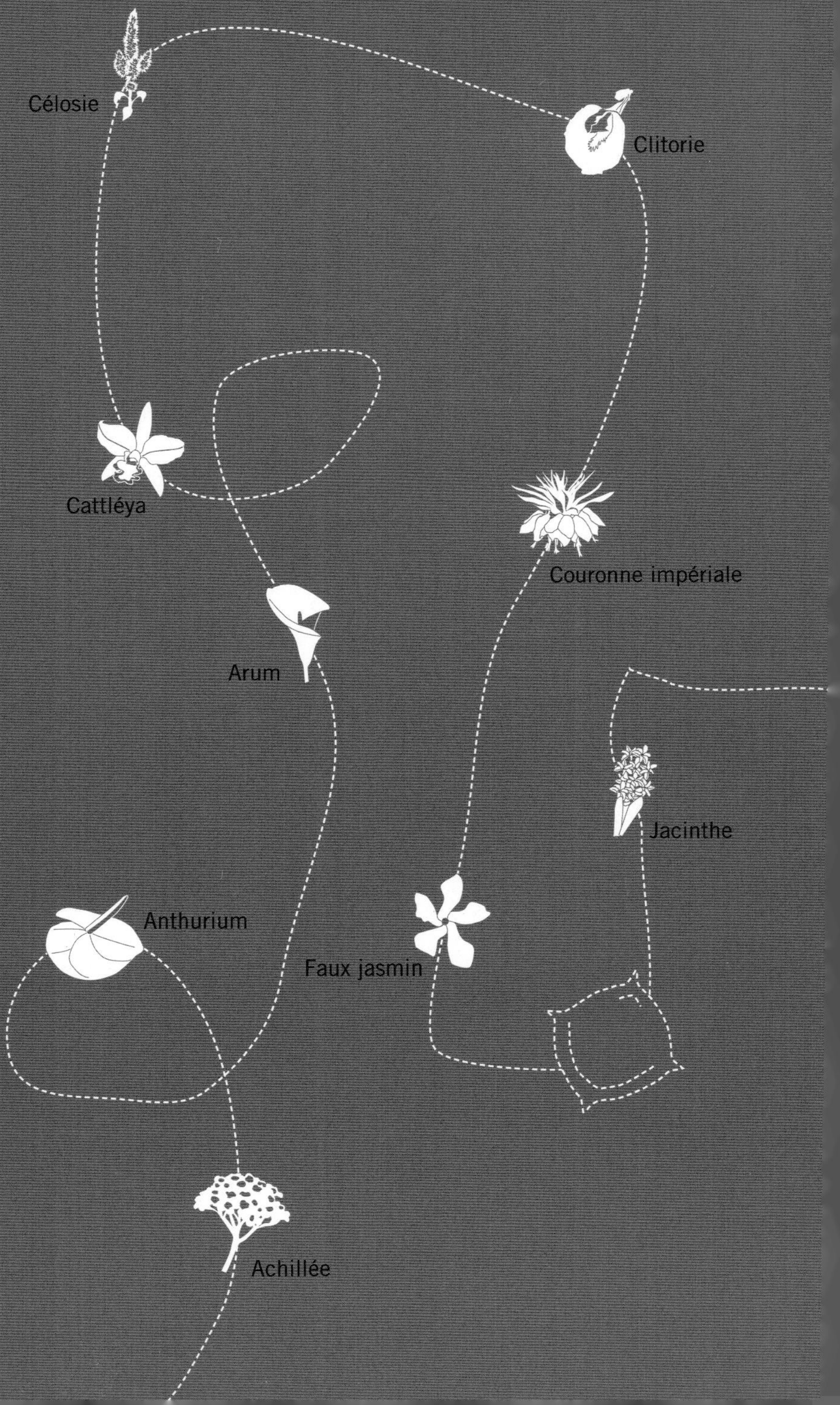
Célosie
Clitorie
Cattléya
Couronne impériale
Arum
Jacinthe
Anthurium
Faux jasmin
Achillée

plaisirs d'amour

Achillée

« Notre plaisir est assouvi »

D'or ou de feu, l'achillée est la plante des grands moments de félicité, lorsque l'extase est enfin atteinte.
L'achillée est la plante que l'on offre pour afficher une certaine euphorie dans l'amour. La fièvre des corps s'est apaisée, la volupté a fait place à la sérénité, la relation s'inscrit dans l'harmonie et l'achillée, réputée chasser les influences maléfiques, vient sceller ce nouveau bonheur. L'achillée sauvage, éclatante dans sa parure jaune vif, est « l'or de l'amour », qui scelle le parfait accord sur le plan physique. Le mélange d'or et de rubis des variétés modernes telles 'Fanal' ou 'Cerise Queen' ajoute une note de durabilité dans la relation, ce qui rend le message plus intense, plus profond.
Dans les pratiques magiques, l'achillée est censée renforcer le magnétisme de la personnalité et le pouvoir de séduction, ce qui permet d'exercer une plus grande attraction sur le sexe opposé. On dit que cette plante procure du courage et du dynamisme, tout en renforçant le désir amoureux.

Le saviez-vous ?

- Jadis, les amoureux mangeaient de l'achillée avant leur mariage pour être assurés de bien s'aimer durant au moins sept ans.
- En Angleterre, les jeunes filles utilisaient l'achillée pour prédire leur avenir amoureux. Cueillant des feuilles d'achillée sauvage poussant dans un cimetière, elles les conservaient toute une nuit sous leur oreiller, ce qui était censé faire apparaître en rêve le visage de leur futur amour.

Sens dessus dessous

- Le nom « achillée » a été donné en l'honneur d'Achille, le héros grec de la guerre de Troie, qui soigna avec cette plante Télèphe (le roi de Mysie), qu'il avait blessé. On dit que l'achillée guérit toute les plaies faites par le fer.

CHEZ LE FLEURISTE > mai à octobre
DANS LE JARDIN > juin à septembre
COULEURS > jaune, rouge
NOM BOTANIQUE > *Achillea millefolium*

Anthurium

« Réussite aux jeux de l'amour »

Exotique, charnelle, érectile, la fleur multicolore de l'anthurium symbolise une expertise dans l'acte d'amour. L'image plutôt suggestive du spadice dardé de l'anthurium s'entend comme un symbole coquin et une manière habile de lancer une invitation aux ébats amoureux. Mais il suffit de choisir astucieusement les fleurs pour faire passer un message plus subtil et pourtant très évocateur... Les anthuriums qui présentent des spadices spiralés ou tirebouchonnés ajoutent une note de fantaisie, mais surtout un second degré à votre correspondance florale. Les contorsions du spadice, à l'évident symbole phallique, annoncent un tourbillon de sensations et une habileté rare dans l'art du batifolage. C'est une promesse d'extase garantie, qui ne manque pas d'impétuosité, voire d'un soupçon de prétention. Attention au sens des couleurs : l'anthurium blanc marque de la discrétion et de la retenue, tandis que le rouge vif, appelé également « langue de feu », vous oblige à assurer le très grand jeu ...

Le saviez-vous ?

- Le nom « anthurium » vient du grec *anthos*, fleur, et *oura*, queue, référence à la forme du spadice, qui est l'inflorescence, la spathe étant une feuille colorée (bractée).
- Les anthuriums sont tenus en Amazonie comme des symboles érotiques. Ils entrent dans la composition d'aphrodisiaques.
- L'ingestion de toute partie de la plante cause de légers troubles d'estomac. Le contact de la sève entraîne des irritations cutanées.

C'est le bouquet !

- Les fleurs d'anthurium durent jusqu'à un mois en vase. Évitez de saisir la spathe avec les doigts. Attention, un anthurium stocké à moins de 15 °C voit sa spathe bleuir et peut présenter des marques brunes sur le spadice.

CHEZ LE FLEURISTE > toute l'année
DANS LA MAISON > avril à septembre
COULEURS > rouge, blanc, marron, vert
NOM BOTANIQUE > *Anthurium* x *hybridum*

Arum

« Tu es mon idéal d'amour »

Emblème de l'amour accompli, l'arum est la fleur des amants comblés, image parfaite de la fusion des sens. Considéré comme l'expression végétale de l'acte d'amour, l'arum en est aussi l'icône, qui sublime la beauté et l'audace de l'union charnelle. Il associe l'ardeur des sentiments qui ne laisse aucun doute sur vos intentions et la sérénité d'une entente absolue. L'arum est la fleur femme qui s'ouvre en un audacieux cornet virginal, ou décliné dans des nuances exquises, du jaune tendre au rouge fougueux, en s'exaltant jusqu'au pourpre de la passion consommée. Bouche ardente prête à recevoir le plus fougueux des hommages, c'est une fleur simple et raffinée, graphique, moderne, épurée, qui exprime une totale harmonie.
Mais l'arum dégage surtout un érotisme torride, associant dans la même fleur le fourreau accueillant de la spathe qui évoque le sexe féminin et le spadice érigé, digne preuve de l'intensité du désir masculin. Unique, excentrique, classique et moderne à la fois, l'arum intrigue et surprend, laissant aussi passer un message spirituel de paix et de sérénité, surtout chez les variétés à spathe blanche qui expriment : « puisez au fond de vous-même les sentiments intimes ».

Le saviez-vous ?

- Le fruit de l'arum a fait l'objet d'un étrange symbolisme sexuel, la dimension du spadice étant supposée préfigurer l'abondance de la récolte (image de fertilité).
- Dioscoride considérait l'arum comme un aphrodisiaque, précisant : « il réveille l'affection lorsqu'il est bu avec du vin ».
- L'arum est le symbole phallique de la force reproductrice, le phalle étant dans l'Antiquité un bâton divin servant à féconder l'esprit.

Sens dessus dessous

- On donne parfois à l'arum le nom de « gethsémani », jardin où le Christ pria près du mont des Oliviers. La plante qui poussait spontanément au pied de la croix aurait été éclaboussée par le sang du Christ et ainsi consacrée.

CHEZ LE FLEURISTE > avril à septembre
DANS LE JARDIN > mai à juillet
COULEURS > blanc, jaune, rouge, rose
NOMS BOTANIQUES > *Arum italicum, A. creticum, Zantedeschia aethiopica*

Cattléya

« Enivrons-nous d'amour »

Comme la plus sensuelle des orchidées, le cattléya est l'emblème du désir d'amour. Archétype de l'orchidée exotique, le cattléya est l'espèce qui fait le plus rêver en raison de la dimension de ses fleurs, dont l'opulence et la richesse de coloris n'ont pas leur égal dans le monde végétal. Certaines de ces fleurs très féminines ajoutent aussi le parfum à leurs charmes, comme *Cattleya citrina*, *Cattleya gaskelliana*, etc., qui exhalent une fragrance sensuelle et puissante qui excite les sens. Offrir un bouquet ou un pot de cattléyas exprime une impérieuse envie d'amour qui associe le sentiment à l'acte. « Faire cattléya » ne signifie-t-il pas faire l'amour, depuis que Marcel Proust a écrit dans *Du côté de chez Swann* : « Mais non, mon petit, pas de cattléyas ce soir, tu vois bien que je suis souffrante... » La dame qui accepte cette orchidée répond favorablement à une avance et consent ainsi à des ébats sans contrainte, qui se réitèrent jusqu'à l'assouvissement complet de tous les désirs de son amant...

Le saviez-vous ?

- Le nom *Cattleya*, qui a été créé en 1824 par John Lindley, est dédié à lord William Cattley. C'était un orchidophile anglais, l'un des tout premiers à avoir réussi à cultiver ces plantes appelées également « orchidées de Proust ». Le genre *Cattleya* comprend 65 espèces.
- Le premier cattléya hybride a été obtenu en 1857. Depuis, plus de 30 000 variétés ont été enregistrées par les instances orchidophiles officielles.

« *Cattléya mystérieuse orchidée,*
Ravissant papillon végétal ;
Le bonheur tu nous as accordé
Triomphant de ton charme fatal.
Tes jolies lèvres ciselées de dentelle
À l'amour charnel nous appellent.
De couleurs de rêve tu tourbillonnes
Et nos corps enlacés polissonnent. »

(Michel Bretegnier)

CHEZ LE FLEURISTE > toute l'année
DANS LA MAISON > septembre à avril
COULEURS > toutes teintes en mélange
NOMS BOTANIQUES > *Cattleya* x, x *Brassocattleya*...

Célosie

« Tes caresses me ravissent »

Plumeuse et soyeuse ou crispée et veloutée, la célosie est une plante câline que l'on effleure avec plaisir. Souvent considérées comme des amarantes, les célosies se caractérisent par leurs fleurs très douces au toucher, que l'on prend le plus grand plaisir à effleurer. Coiffée d'une houppette charmante et vaporeuse aux couleurs chatoyantes, la célosie plumeuse invite à la caresse, son toucher soyeux étant un atout supplémentaire à sa sensualité. Quant à la crête-de-coq, ses épis froncés dessinent mille et une circonvolutions duveteuses, qui rappellent le velours. Ces deux plantes s'offrent dans un dessein de volupté. Elles évoquent des jeux érotiques où les corps s'enlacent et se coulent dans des agacements lascifs dont le raffinement retarde l'étreinte. D'ailleurs, en Orient, lorsqu'un homme fait parvenir un bouquet de célosies à sa maîtresse, c'est pour lui signifier qu'il attend d'elle ses plus douces faveurs. On peut aussi voir dans un bouquet de célosies un message de félicité, disant : « c'est de toi que j'attends tout mon bonheur ».

La petite histoire

- Clémence Isaure, qui avait institué les jeux Floraux à Toulouse au XIVe siècle, souhaita qu'une célosie en or soit le prix du vainqueur dans les chants lyriques, car la fleur était aussi l'emblème de l'immortalité.
- Au XVIIe siècle, la reine Christine de Suède créa l'ordre des Chevaliers de l'Amarante, dont la décoration était une médaille d'or sur laquelle figurait une amarante crête-de-coq.

« *Je t'aperçois,*
belle et noble amarante !
Tu viens m'offrir,
pour charmer mes douleurs,
De ton velours la richesse éclatante.
Ainsi la main de l'amitié constante,
Quand tout nous fuit,
vient essuyer nos pleurs. »

(Constant Dubos)

CHEZ LE FLEURISTE > juin à octobre
DANS LE JARDIN > juillet à octobre
COULEURS > rouge, jaune, pourpre, rose
NOM BOTANIQUE > *Celosia argentea*

Clitorie

« Le grand frisson »

La jolie conque épanouie, surmontée d'un bouton proéminent, fait de la clitorie la fleur de l'orgasme féminin. La carène saillante de la fleur de cette liane tropicale a séduit le célèbre botaniste Karl von Linné, qui a vu l'image suggestive d'un clitoris et l'a nommée *Clitoria*. Pas étonnant qu'un siècle plus tard, le langage des fleurs traditionnel en ait fait l'emblème de l'extase au féminin. Cette plante n'a jamais été très cultivée en Europe car elle a besoin de chaleur. Toutefois, en Asie tropicale, la clitorie sert de manière courante au langage amoureux. Lorsqu'une dame l'arbore côté cœur sur son vêtement, elle signale à son amant qu'il l'a vraiment comblée et qu'elle est disposée à connaître à nouveau « la petite mort ». Si la fleur est portée à droite, c'est que Monsieur ne s'est pas montré à la hauteur. Il devra aller quérir ailleurs de nouvelles aventures... La clitorie est aussi une invitation au plaisir et exprime un désir de jouissance. Les hommes entreprenants la glissent dans la chevelure de la demoiselle qu'ils convoitent.

Le saviez-vous ?

- La clitorie se pare de différents noms populaires comme « pois bleu », « pois papillon », « pois savane » ou « aile de pigeon ».
- Le nom d'espèce *ternatea* se rapporte à l'île Ternate dans l'archipel des Moluques, où la plante a été jadis découverte.
- Dans leur pays d'origine, les fleurs de la clitorie sont utilisées en cuisine pour colorer le riz. On consomme aussi les jeunes pousses comme des légumes.

« *Clitoris, Clitorie, Clitoria,*
Quelle aimable déclinaison
Clitoris, Clitorie, Clitoria,
Qui m'abandonne en déraison.
Douce fleur bleue de petit pois,
Au bonbon candide et libertin,
Transportes mon corps en désarroi
Dans l'éclat de mots incertains. »

(Marie Olivier)

CHEZ LE FLEURISTE > plante très rarement proposée
DANS LA MAISON > juin à octobre
COULEUR > bleu avec la gorge blanche
NOM BOTANIQUE > *Clitoria ternatea*

Couronne impériale

« Toute ma vigueur pour l'amour »

Vigoureuse, majestueuse, la couronne impériale évoque une performance amoureuse d'exception...

N'est pas qualifié d'impérial qui veut ! À travers cette caractéristique qui suggère des capacités hors du commun, se délivre une promesse d'expertise amoureuse qui confine à la prouesse. La couronne impériale est une fleur d'exception pour laquelle on s'extasie volontiers. Elle annonce sans la moindre modestie des moments exaltants et l'ivresse dans l'amour charnel. Il y a, bien sûr, un brin de prétention dans cette fleur. Il est donc préférable de l'offrir solitaire, pour réduire le message à cet engagement élégant : « je concentre toutes mes forces pour t'aimer ». Vous composez ainsi avec la fleur un double message où les sentiments sont aussi présents que le simple désir physique. En revanche, une brassée de couronnes impériales ne laisse aucun doute : du sexe rien que du sexe !

Le saviez-vous ?

- On appelle aussi *Fritillaria imperialis* « grande fritillaire », « impériale », « herbe aux taupes » ou « herbe aux sonnettes ».
- En raison de leur disposition en couronne, les fleurs de la grande fritillaire sont aussi l'emblème de la puissance et de la domination.
- La plante entière est toxique, mais les bulbes renferment la plus forte concentration de fritillarine, un puissant alcaloïde, poison du cœur, détruit par la cuisson.

« *Noble et brillante fleur,*
ornement des parterres,
Elle séduit les yeux,
par ses vives couleurs ;
Le sage en la voyant,
rêve sur les grandeurs
Et de plus d'un mortel
déplore les misères. »

(Comtesse de Bradi)

CHEZ LE FLEURISTE > avril et mai
DANS LE JARDIN > avril et mai
COULEURS > rouge, orange, jaune
NOM BOTANIQUE > *Fritillaria imperialis*

Faux jasmin

« *Amours voluptueuses* »

La foisonnante opulence du faux jasmin, alliée à son enivrant parfum, en font la fleur des moments d'extase. Le parfum, réellement envoûtant, est quasi identique chez le vrai et le faux jasmin. C'est une fragrance d'un érotisme torride, que l'on définit par le simple mot de « jasmin ». Entraînant un tourbillon des sens, ce parfum suave, profond et puissant, qui libère ses notes les plus secrètes en fin de journée, augure de jeux amoureux d'une lascivité extrême. La délicate ciselure des fleurs étoilées du faux jasmin accentue le caractère sensuel de la plante, tandis que la luxuriante végétation confesse une explosion de sentiments qui ne peut laisser indifférent. Les longs rameaux souples qui s'enchevêtrent, évoquent les enlacements complexes qui conduisent au bonheur suprême. Le faux jasmin est la plante des amours tortueuses, des ébats sportifs, voire acrobatiques. Dans un but essentiellement érotique, offrez une potée de trois pieds de faux jasmin tressés. C'est un enchantement riche de mille et une promesses galantes.

Sens dessus dessous

- *Trachelospermum* vient du grec *trachelos*, cou, et *sperma*, semence, allusion à la forme allongée de l'extrémité de la graine. Ce nom est dû à Charles Lemaire (1801 - 1871). *Rhynchospermum* est aussi une appellation courante. Mais ce nom, qui avait été créé par le célèbre botaniste anglais John Lindley (1799 - 1865), était déjà obsolète à la fin du XIXe siècle !
- *Trachelospermum jasminoides* est aussi appelé « jasmin étoilé ».

« *Faux jasmin, passion florale,*
Liane lascive aux longs bras
Coiffés de milliers d'étoiles,
D'un parfum voluptueux étourdira
La mignonne gravée dans mon cœur,
Et son corps lascif abandonné
À mes ardeurs déchaînées
M'offrira l'explosion du bonheur. »

(Ferdinand Loubeyre)

CHEZ LE FLEURISTE > mai à juillet, en pot
DANS LE JARDIN > mai à octobre
COULEUR > blanc
NOM BOTANIQUE > *Trachelospermum jasminoides*

Jacinthe

Sensualité dans l'amour

La puissance de son parfum et sa divine beauté font de la jacinthe la fleur sensuelle des ébats printaniers. Cette particularité est suffisamment rare pour être soulignée : quelle que soit sa couleur, la jacinthe évoque dans le langage traditionnel des fleurs un érotisme torride et la réussite dans l'amour physique, sans jamais apporter une connotation négative. La jacinthe rouge déclare : « mon ardeur ne faiblit pas », c'est-à-dire : « j'ai tout le temps envie de toi, reprenons vite nos jeux amoureux ». Rose, la jacinthe est encore plus précise : « mon amour t'envahit », soit en clair : « nous faisons très bien l'amour ». Pour la jacinthe bleue, le message est quasiment identique : « le bonheur que tu me donnes me ravit », donc « tu m'as fait goûter l'extase », ce qu'expose aussi la jacinthe blanche, avec : « je suis heureux de t'aimer ». Même la variété jaune apporte une touche de sensualité, sous-entendant : « je vais te rendre heureuse », soit « avec moi, tu connaîtras la volupté ». Quel beau programme !

Sens dessus dessous

- La jacinthe parvint aux Pays-Bas à la fin du XVIe siècle, où elle devint l'emblème de la prudence et de la sagesse chrétienne. On en fit le symbole de la miséricorde de la Vierge, d'où sa présence dans les guirlandes religieuses des peintres flamands.
- Les compositions florales où la jacinthe se mêle avec d'autres fleurs sont dénuées de toute signification, mais on n'en offre pas en guise de remerciement.

La petite histoire

- La jacinthe serait née du sang de Hyacinthus, tué par son amant Apollon, en lançant le disque. Par jalousie, Borée, roi des Vents du nord, épris de Hyacinthe, détourna de son souffle le palet sur la tête du bel éphèbe.

CHEZ LE FLEURISTE > décembre à mai, bulbes de septembre à novembre
DANS LE JARDIN > avril à mai
COULEURS > bleu, rouge, blanc, rose
NOM BOTANIQUE > *Hyacinthus* x *orientalis*

Jasmin

« Tu transportes mes sens »

Tornade de volupté, le parfum enivrant du jasmin en fait par excellence la fleur de l'extase amoureuse. En apparence, rien ne prédisposait la pâle fleur du jasmin à devenir l'emblème absolu des étreintes passionnées et de la débauche charnelle. Ses petites étoiles blanches à la blancheur virginale n'enflamment guère les sens. Mais, dès que l'on s'approche, la naïve corolle laisse échapper un philtre d'amour qui vous ensorcelle comme la plus habile des courtisanes. Le parfum du jasmin est unique par son intensité, sa profondeur, sa puissance. D'abord doux et sucré comme une caresse, il excite les cellules olfactives avant de vous faire succomber dans une sorte d'ivresse extatique. Il y a une divine jouissance dans cette fragrance, ce qui fait du jasmin la fleur de l'invitation à l'amour, celle dont on garnit la couche nuptiale ou la chambre des plaisirs. Le jasmin, fleur d'Éros, permet de s'abandonner sans réserve à la délectation absolue.

Le saviez-vous ?

- Le mot « jasmin » vient de l'arabe *jas*, désespoir, et *min*, mensonge, évocation des tourments de l'amour. Il est la fleur de Fatima, la fille de Mahomet.
- Son parfum agréable vaut au jasmin de symboliser l'amabilité. On dit aussi que le parfum du jasmin est capable de provoquer des rêves prophétiques.
- En Inde, les femmes portent une tresse de jasmin à chaque mois impair de leur grossesse.

« *Pour hier, aujourd'hui, demain,*
Faites des bouquets de jasmin,
Cueillez, cueillez à pleines mains,
Jasmin d'Espagne ou de Madère,
Jasmin de Perse ou Cavalaire,
Cueillez des bouquets de jasmin. »

(Robert Desnos)

CHEZ LE FLEURISTE > mai à octobre
DANS LE JARDIN > juin à octobre
COULEURS > blanc, jaune
NOMS BOTANIQUES > *Jasminum sambac, J. mesnyi, J. fruticans, J. polyanthum, J. officinale...*

Jonquille

« Renouvelons nos ébats »

Tout en paraissant bien anodine, la jonquille véhicule le message d'une envie d'amour.
Fille délicate et charmante à la taille élégante et mince, portée par une hampe vert d'espérance, la jonquille penche la tête, paraissant s'échapper d'un voile diaphane avec timidité. Son teint brillant et doré possède une fraîcheur toute juvénile. Mais c'est surtout le parfum très entêtant, suave et pénétrant de la jonquille, rappelant un peu celui de la fleur d'oranger, qui vaut à cette jolie fleur printanière une image forte de sensualité et de désir sexuel. Cette symbolique nous vient de Turquie, pays d'origine de la plante, où elle est considérée comme un véritable emblème de l'envie d'amour. Une seule jonquille piquée discrètement dans un bouquet anodin se lit comme une question : « quand pourrons-nous renouveler nos ébats ? » Choisissez de préférence la variété 'Tête à tête' pour ce message. Un bouquet généreux de ces fleurs fragiles signifie dans le langage classique des fleurs : « je me languis de toi », soit de nos jours : « je te désire ».

Le saviez-vous ?

- Les jonquilles sont l'emblème du pays de Galles et il est de bon ton que chaque Gallois en porte une à la boutonnière le 1er mars, jour de la fête nationale.
- Le mot jonquille signifie « jonc qu'on cueille », car les feuilles linéaires de ces plantes du bord de l'eau sont très semblables.
- La République tchèque est un des tout premiers producteurs européens de jonquilles fleuries, cultivées dans la vallée de l'Elbe.

La petite histoire

- La jonquille fait partie de *la Guirlande de Julie*, le cadeau que Charles de Montausier fit en 1641 à Julie de Rambouillet, un recueil de poésies écrit par les plus belles plumes de l'époque et dédiées chacune à une fleur.

CHEZ LE FLEURISTE > décembre à avril
DANS LE JARDIN > mars et avril
COULEURS > jaune, jaune et blanc
NOM BOTANIQUE > *Narcissus jonquilla*

Bouquet final...

Oiseau de paradis

« Jouissance exquise »

Superbe envolée d'amour, la fleur de l'oiseau de paradis est l'image du plaisir total ressenti à deux.

Fleur étrange, fascinante, quasi animale, l'oiseau de paradis célèbre, dans le langage classique des fleurs, l'inspiration dans les ébats amoureux. Ses couleurs, qui évoluent selon l'intensité et l'orientation de l'éclairage, ne se parent jamais des mêmes nuances d'une fleur à une autre. L'oiseau de paradis mêle la magie et l'envoûtement des tropiques à l'évocation de caresses exquises et langoureuses. Ses fleurs évoquent les improvisations du divertissement amoureux qui conduisent au plaisir. Fleur du mâle dominant et imaginatif par sa rigidité, sa vaillance, sa fierté triomphante et son explosion de couleurs, l'oiseau de paradis est aussi l'expression de l'amour au féminin par sa complexité, son élégance raffinée et son galbe magnifique. Il est donc normal qu'on se l'offre entre amants experts et bien épanouis.

Sens dessus dessous

- L'oiseau de paradis vient de la région du Cap en Afrique du Sud. Il doit son nom à la forme de la fleur, pointue comme un bec d'oiseau et coiffée d'une crête plumeuse colorée qui attire les oiseaux pollinisateurs (colibris).
- *Strelitzia* vient de Strelitz, capitale de la région d'origine de la duchesse Charlotte de Mecklembourg (1744 - 1818), qui épousa en 1761 le roi George III d'Angleterre (1738 - 1820).

« *Strelitzia, ravissante fleur du Cap,*
Aimable, duchesse d'Allemagne,
Qui devint reine en Grande-Bretagne,
Inspire et bouleverse nos agapes.
Notre désir consumé, oiseau de paradis,
Par ta crête enflammée comme l'amour,
De nos corps enfiévrés encore et toujours,
Envole mon âme, vers notre paradis. »

(Madeleine Charrier)

CHEZ LE FLEURISTE > toute l'année
DANS LE JARDIN > mai à septembre
COULEURS > mélange d'orangé, de bleu et de vert
NOM BOTANIQUE > *Strelitzia reginae*

Phalénopsis

« Envolons-nous dans le plaisir »

Cette orchidée aérienne, qui pousse idéalement en suspension, vous invite à la rejoindre au septième ciel. Considéré au XIXe siècle comme un véritable joyau, le phalénopsis est aujourd'hui la plante fleurie la plus vendue en Europe. Mais, comme toute orchidée, il conserve toujours une aura de luxe et fait partie de ces fleurs qui aiguisent les sens et invitent à l'amour. La grâce volatile de ses fleurs aux ailes déployées, délicats papillons posés en équilibre sur une tige frémissante, est l'image même de l'exaltation du désir et des premiers frissons extatiques de la jouissance amoureuse. Offrir une belle potée de phalénopsis est un message érotique sans artifice. Vous allez savourer des moments extrêmes, et garantissez dans le même temps un emportement du corps et de l'esprit vers les nimbes de la volupté. C'est un hommage fort, intense, énorme et d'autant plus dévastateur que la tonalité des fleurs a tendance à s'empourprer. Avec le phalénopsis, vous promettez le plaisir absolu, dans une ambiance de liberté et de gaieté, qu'exprime tout à fait cette fleur.
Un phalénopsis blanc est aussi une marque de fécondité, le moyen d'annoncer un heureux événement.

Le saviez-vous ?

- Le nom *Phalaenopsis* vient du grec *phalaina*, papillon, et *opsis*, apparence, la longue grappe de fleurs pouvant faire penser à une envolée de papillons.
- Le genre *Phalaenopsis* a été créé en 1825 par l'Allemand Karl Ludwig von Blume (1796 - 1862).
- En 1753, Karl von Linné avait déjà décrit la première espèce de cette orchidée qui venait d'être découverte, mais il l'avait appelée à l'époque *Epidendrum amabile*.

C'est le bouquet !

- Pour bien faire durer les fleurons détachés de phalénopsis, il faut enfiler un fil de fer très fin dans le pédoncule de la fleur jusqu'à l'ovaire, puis envelopper la tige de coton humide et maintenir l'ensemble par du « floratape ».

CHEZ LE FLEURISTE > toute l'année
DANS LA MAISON > toute l'année
COULEURS > blanc, rose, jaune crème
NOM BOTANIQUE > *Phalaenopsis* x

Petite musique de nuit...

Tubéreuse

« Jeux de l'amour et volupté »

Si puissamment parfumée qu'elle en est réputée maléfique, la tubéreuse est la fleur des folles étreintes.
Au XIXe siècle, l'amant qui recevait des mains de sa maîtresse une tubéreuse en fleur accédait au bonheur suprême, car elle affirmait : « nos plaisirs surpasseront nos peines », magnifique périphrase pour affirmer une disponibilité totale aux étreintes les plus explosives. On dit que, s'ils souhaitent décupler les plaisirs du corps, les amants doivent respirer de la tubéreuse au clair de lune, tandis que chante le rossignol. Les parfums suaves et entêtants de cette fleur charnue, dont la fragrance, qui pénètre et enivre, s'exalte surtout le soir, ajoutent un charme indéfinissable aux jeux de l'amour.
La seule présence de la tubéreuse redouble les délices et amplifie les sensations, jouant ainsi un véritable rôle aphrodisiaque. Emblème de la volupté en Iran, appelée « maîtresse de la nuit » en Malaisie, c'est la fleur érotique par excellence, que l'on aime respirer dans l'indolence du plaisir.

Le saviez-vous ?

- Les Mayas pensaient que la tubéreuse avait servi de berceau à l'humanité. Ses corolles odorantes, comme « l'écume de la nuit », déploient leurs voiles aux premières lueurs de l'aube.
- La tubéreuse est réputée aussi séduisante que maléfique. La légende veut que, si l'on s'en approche de trop près, cette fleur divine se change en redoutable enchanteresse qui enivre les amants, puis les empoisonne.

« *Des abords de l'Orient je suis originaire ;*
L'astre brillant du jour peut se dire mon père.
Le printemps ne m'est rien, je ne le connais pas,
Et ce n'est point à lui que je dois mes appâts.
Des roses et des lis, j'ai le brillant éclat,
Et du plus beau jasmin, le lustre délicat ;
Je surpasse en odeur, et la jonquille et l'ambre
Et du plus grand roi je partage la chambre. »

(Madeleine de Scudéry)

CHEZ LE FLEURISTE > mars à octobre
DANS LA MAISON > avril à septembre
COULEURS > blanc laiteux, blanc ivoire
NOM BOTANIQUE > *Polianthes tuberosa*

Vanille

« Tu réveilles mon désir »

Mystérieuse orchidée dont les fruits produisent un des parfums les plus suaves, la vanille est très sensuelle. Tout comme pour la sarriette, on dit que la vanille « réveille le satyre », c'est-à-dire qu'elle excite le désir d'amour masculin et aiderait même à l'érection. Son parfum prenant, très sucré, presque lénifiant, incite à la lascivité et à l'imagination dans les jeux de l'amour. Les adeptes de la magie fabriquent un philtre destiné à provoquer « l'obsession amoureuse » en associant vanille, violette et primevère. On dit que ce mélange génère une telle exacerbation des sentiments qu'il est quasiment impossible d'éteindre le feu qui vous consume… Avec ses tiges qui s'entortillent autour de leur support, l'embrassant dans un élan irrésistible, et ses racines aériennes qui se collent à l'écorce comme du lierre, la vanille donne l'image d'enlacements puissants qui peuvent évoquer des ébats torrides. Dommage qu'elle soit si rarement proposée en pot, sa puissance érotique est inouïe !

Le saviez-vous ?

- Dès le XVIe siècle, les Espagnols appelèrent la plante *vainilla*, diminutif de *vaina*, gousse.
- Originaire du Mexique, la vanille est une orchidée liane, qui atteint 15 m de long et dont les fleurs ne vivent que huit heures.
- La vanille ne donne des fruits qu'à trois ans, mais elle en produit ensuite pendant quarante ans.
- Le fruit est appelé « gousse », car il ressemble à un haricot. En botanique, c'est une « capsule ».

La petite histoire

- En 1841, à la Réunion, un enfant faisait la sieste dans un manguier où grimpaient des vanilliers. Froissant les fleurs en les frottant les unes contre les autres pour s'amuser, il inventa sans le vouloir la pollinisation artificielle !

CHEZ LE FLEURISTE > très rare
DANS LA MAISON > juillet à octobre
COULEURS > vert et jaunâtre
NOM BOTANIQUE > *Vanilla planifolia*

Verge d'or

« De l'extase sans crainte »

Le nom très évocateur de la verge d'or évoque une rare expertise dans l'amour et l'assurance de l'extase. Jadis en Orient, la « verge d'or » désignait l'homme capable d'amener sa partenaire à la jouissance suprême, sans qu'elle risque de porter par la suite les fruits défendus de ces moments sublimes. Bien que d'origine américaine ou européenne, la plante a trouvé tout naturellement, par association de mots, sa symbolique de prudence dans la volupté et de jouissance absolue sans appréhension.

En absence de toute poésie, on pourrait résumer de nos jours la devise de la verge d'or par le lapidaire « sortez couvert », expression chargée d'un évident double sens.

On peut déceler dans cette fleur aux épis bien orgueilleux, mais d'une grande douceur, l'image beaucoup plus distinguée de l'amant fringant et déluré, à la fois prévenant et attentionné, qui communique en amour avec sa partenaire, distillant ses assauts avec ardeur et délicatesse jusqu'au moment suprême.

Le saviez-vous ?

- Provenant du latin *solidare*, consolider, le nom *Solidago* a été d'abord utilisé par Otto Brunfels (1488 - 1534), pour désigner la pâquerette. Linné l'a repris en 1753 pour désigner la verge d'or. Ce nom rappelle les propriétés vulnéraires de la feuille, qui soulage et guérit les plaies.
- Depuis le XVIe siècle, la racine de la verge d'or est appréciée pour ses vertus diurétiques et astringentes dans les diarrhées.

« *La verge d'or est toute composée de fleurons qu'enveloppe un duvet soyeux. Il semble que la prévoyante nature ait voulu, par là, garantir ses boutons des larcins de l'abeille, avide des sucs parfumés que renferme son calice.* »

(Charles Malo)

CHEZ LE FLEURISTE > juin à octobre
DANS LE JARDIN > juillet à octobre
COULEUR > jaune
NOM BOTANIQUE > *Solidago virga-aurea*

Ylang-Ylang

« Je n'ai jamais connu cela »

Le parfum très prenant de l'ylang-ylang et son nom qui évoque les tropiques transportent les amoureux. Faisant partie des plantes à parfum les plus cultivées dans le monde, l'ylang-ylang exhale une fragrance chaude et sucrée, très exotique et entêtante, qui rappelle à la fois la vanille et le jasmin. Il est bien évident que cette fleur fait partie des philtres d'amour les plus réputés et des parfums à la vocation franchement érotique. Il est difficile d'offrir des fleurs fraîches d'ylang-ylang, car elles proviennent d'un arbre tropical et supportent difficilement le voyage. En revanche, vous en retrouverez les effluves exaltantes dans certains parfums célèbres comme « Bois des Îles » de Chanel, « Boucheron » de Boucheron, « Joy » de Patou, « Poison » de Dior, « L'Air du temps » de Nina Ricci, « Ylang et vanille » de Guerlain, etc. Vous pouvez aussi offrir de l'ylang-ylang sous forme d'essence. La senteur complexe de cette étrange fleur exacerbe les sens et provoque une réelle excitation de la libido. Elle fait tourbillonner vos sentiments et vous échauffe jusqu'à la pâmoison finale, qui confine à l'apothéose !

Le saviez-vous ?

- L'huile d'ylang-ylang extraite des feuilles est utilisée pour calmer l'anxiété, le stress ou l'insomnie, nettoyer les peaux grasses, donner de la brillance aux cheveux. On lui attribue des vertus aphrodisiaques qui n'ont pas été prouvées. En revanche, cette huile est régulatrice du système cardiaque (hypotenseur et calmant). C'est également un tonifiant ovarien réputé et un excellent antiseptique intestinal.

Sens dessus dessous

- D'origine malaise, le mot ylang-ylang signifie « fleur des fleurs ». On l'appelle aussi « jasmin du pauvre ». Le nom botanique *Cananga* vient de l'appellation *kanonga* donnée à l'arbre par les tribus dayaks de Bornéo.

CHEZ LE FLEURISTE > rarement proposé
AU JARDIN TROPICAL > novembre à mars
COULEUR > jaune
NOM BOTANIQUE > *Cananga odorata*

Dites-le aussi avec ces fleurs…

Voici une liste complémentaire de plantes qui exaltent l'extase et la volupté. Coquines, libertines, un brin malicieuses, ces fleurs expriment vos émotions avec finesse. Elles vont contribuer à distiller avec distinction les messages secrets les plus sulfureux…

Amarante rouge *(Amaranthus caudatus)*
« je ne me lasse pas de tes caresses »

Angélique *(Angelica archangelica)*
extase, « tu m'as fait atteindre mes limites »

Arachnide *(Arachnis spp.)*
« tu es ma dominatrice », « dévore-moi »

Azalée
(Rhododendron simsii x*)*
« je suis heureux de t'avoir aimée » (d'avoir fait l'amour avec toi)

Banane *(Musa paradisiaca)*
vigueur masculine, désir d'amour charnel

Châtaignier *(Castanea sativa)*
message de volupté

Citronnelle *(Cymbopogon nardus)*
félicité, jouissance

Érophile printanière *(Erophila verna)*
l'amour pour la première fois, première jouissance

Fierté de Vénus *(Houstonia spp.)*
plaisirs au féminin

Laélia *(Laelia* x*)*
invitation à des jeux érotiques

Menthe *(Mentha spp.)*
« ai-je été à la hauteur ? »,
« m'accorderas-tu une nouvelle occasion de t'aimer ? »,
ardeur jalouse, souvenir impérissable

Rose mousseuse *(Rosa* x*)*
amours voluptueuses

Délices et volupté

La grâce aérienne des branches des orchidées papillon (phalénopsis) incarne bien l'envolée de jouissance que promet ce bouquet. Cet engagement est renforcé par le parfum profond et envoûtant des tubéreuses, qui invitent à des jeux défendus.

Âme amoureuse

Disposés dans un crescendo qui joue allegro la symphonie délicieuse du plaisir, les anthuriums invitent à l'extase, tandis que les arums clament : « tu es mon idéal d'amour ». Un bouquet brûlant d'exotisme.

Ardeur et faveurs

Invité à des jeux érotiques par les jacinthes bleues, vous découvrez l'amour pénétrant et toute l'ardeur de votre partenaire avec les jacinthes roses, et le jasmin qui garantit le plaisir des sens. Quel programme !

Althéa
Jasmin de Madagascar
Lierre
Muscari
Myrte
Œillet simple

l'engagement

Althéa

« Je m'engage à t'aimer »

Dans la profusion de ses fleurs sans cesse renouvelées, l'althéa signe un pacte d'amour, pour toujours.
Bien qu'il appartienne sur le plan botanique au genre *Hibiscus*, l'althéa surpasse l'évidente connotation sexuelle de sa fleur, dont la corolle largement ouverte semble véritablement transpercée par son pistil. L'althéa exprime des sentiments plus profonds et un réel engagement. Ce bel arbuste s'offre toujours en pot, car ses fleurs éphémères ne tiennent pas une fois détachées de leur rameau nourricier. En revanche, les innombrables boutons s'épanouissent tout l'été sans discontinuer, ce qui marque la force de vos sentiments avec une notion de durée dont il faut tenir compte. Vous êtes consumé par l'amour et envisagez une relation durable. Un althéa, surtout s'il est déjà grand et très bien ramifié, se perçoit comme une promesse. Il s'agit donc de la plante adéquate pour signifier une volonté de vie commune ou entamer les premiers pas vers une demande en mariage incertaine ou délicate, car il y a aussi une notion de persuasion dans cette jolie fleur.

Sens dessus dessous

- Le nom « althéa » souvent donné à l'*Hibiscus syriacus* a longtemps été l'appellation botanique de la rose trémière *(Althaea rosea)*, une jolie plante de la famille des Malvacées qui est désormais nommée *Alcea rosea* pour éviter toute confusion.
- Originaire de l'Inde et de Chine, d'où il a été introduit en 1596, l'*Hibiscus syriacus* est aussi appelé « guimauve en arbre », « mauve en arbre », « mauve de Syrie », « ketmie des jardins », etc.

« *Dans ta coupe épanouie,*
Romantique guimauve,
J'ai bu l'amour à l'envi
Assoiffé sur l'alcôve
Cette union de nos sens
Aujourd'hui prend l'essence
D'un serment qui vivra
Grâce à toi, althéa. »

(Michel Bretegnier)

CHEZ LE FLEURISTE > mai à juillet en pot
DANS LE JARDIN > juillet à octobre
COULEURS > rose, bleu, rouge, blanc
NOM BOTANIQUE > *Hibiscus syriacus*

Jasmin de Madagascar

« Notre mariage est très heureux »

Plante symbole du bonheur conjugal, le jasmin de Madagascar procure la félicité par son parfum délicieux. Utilisés pour couronner la tête des jeunes mariées, les gracieux bouquets du jasmin de Madagascar associent dans le langage traditionnel des fleurs les images du bonheur, de la chance et de l'harmonie sexuelle, autant d'ingrédients qui font les unions réussies. En pot, cette plante s'offre donc volontiers entre époux ou concubins, en guise de porte-bonheur pour leur couple. La croissance volubile des longues tiges de *Stephanotis*, qui s'enroulent autour du moindre support, évoque bien les grands élans amoureux et les liens d'attachement qui s'instaurent dans une relation amoureuse durable. La blancheur parfaite des fleurs cireuses et leur parfum enchanteur renforcent l'image d'équilibre et d'osmose intime que l'on désire traduire avec cette plante. Il y a aussi de la spiritualité dans le jasmin de Madagascar et une évocation de pureté, qui se traduit par une idée de fidélité.

Sens dessus dessous

- Le nom *Stephanotis* vient du grec *stephanos*, couronne, et *otos*, oreille, allusion aux auricules qui parent la couronne d'étamines.
- On appelle aussi le jasmin de Madagascar « couronne des mariées », « liane de cire », « fleur de cire », « liane de la mariée », « liens du mariage », « chapelet fleuri de Madagascar » ou « guirlande de mariage ».
- On l'a jadis appelé *Marsdenia floribunda* et *Jasminanthes*.

Le saviez-vous ?

- L'huile essentielle de jasmin de Madagascar est soi-disant réputée développer l'harmonie dans le couple, parce qu'elle éviterait la tentation sexuelle en dehors du mariage et empêcherait toute rencontre avec des « faux amis ».

CHEZ LE FLEURISTE > décembre à mai
DANS LA MAISON > mai à octobre
COULEUR > blanc pur et brillant
NOM BOTANIQUE > *Stephanotis floribunda*

Que serais-je sans toi ?

Lierre

« Rien ne peux me détacher de toi »

Comme l'indique le dicton : « le lierre meurt où il s'attache ». C'est donc la plante phare de l'amour indissoluble. Dans le langage traditionnel des fleurs, une branche de lierre qui entoure un arbre exprime : « rien ne peut m'en détacher ». C'est de la façon dont le lierre embrasse et protège son support que lui vient sa symbolique. Comme cet arbuste grimpant peut, par ailleurs, vivre jusqu'à 400 ans, il symbolise naturellement la fidélité conjugale, un amour éternel et un mariage réussi. Une branche de lierre présentée avec ses crampons dissimule une intention continuelle de plaire, c'est-à-dire la promesse de rester un amant conquérant, ardent et attentionné. Une généreuse potée de lierre devra être comprise en ces termes : « notre amour ira grandissant et nous resterons ensemble pour la vie ». Mais au quotidien, on utilisera plus volontiers les rameaux souples du lierre pour nouer une couronne de roses, le message se lisant alors comme ceci : « rien ne peut détruire notre amour ».

La petite histoire

- Dans la Grèce antique, l'autel du mariage était orné de lierre pour évoquer les liens d'amour indissolubles du jeune couple.
- À l'époque victorienne, la « broche de l'amitié », bijou très en vogue, représentait un lierre enroulé autour d'un arbre abattu, avec comme inscription : « rien ne pourra m'en détacher ».
- Durant la grande peste de 1665, on a utilisé comme remède du vinaigre de lierre et d'œillet.

Sens dessus dessous

- Autrefois, les jeunes filles de la campagne plaçaient une branche de lierre dans leur poche. Elles espéraient que le premier homme célibataire qu'elles rencontreraient pourrait devenir leur mari, car c'est le symbole de l'amour fidèle.

CHEZ LE FLEURISTE > toute l'année
DANS LE JARDIN > toute l'année
COULEUR DE LA FLEUR > blanc verdâtre
NOM BOTANIQUE > *Hedera helix*

Muscari

« Annonce de mariage »

Sensible et romantique, la petite grappe délicate du muscari promet le mariage.
Appelé aussi « jacinthe musquée » ou « jacinthe à grappes », le muscari est la fleur qui marque l'intention de se marier. En Turquie, les femmes se piquaient jadis plusieurs grappes de muscari dans les cheveux pour indiquer que leur cœur était pris et qu'elles allaient prochainement convoler. Au XIXe siècle, pour effectuer leur demande en mariage, les amoureux transis ou trop timides, offraient un bouquet de douze tiges fleuries de muscari à l'élue de leur cœur. Si la demoiselle prélevait au moins trois fleurs pour les planter dans sa coiffure, c'était qu'elle acceptait la proposition. À cette époque, les jeunes filles qui accrochaient à leur boutonnière quelques brins de muscari, annonçaient leur désir de plaire, mais sans la moindre intention de se marier. Si un seul brin était piqué dans leur chevelure, c'était pour signifier « je suis amoureuse », mais bien sûr sans dévoiler le nom de l'élu...

Sens dessus dessous

- En Turquie, son pays d'origine, le muscari est appelé *musqui rumi*, plante qui sent le musc. C'est la raison qui a conduit Joseph Pitton de Tournefort (1656 - 1708), à créer le nom « muscari ». Le genre botanique *Muscari* est attribué à Philip Miller (1691 - 1771).
- Pour certains botanistes, *Muscari* vient du grec *muschos*, musc, qui exprime bien l'odeur particulière, à la fois fraîche et sauvage mais assez discrète de cette fleur.

La petite histoire

- Au XIXe siècle, on écrivait « muschari ». Les botanistes ont aussi appelé cette petite Hyacinthacée : *Botryanthus*, *Muscarimia* et *Pseudomuscari*, genres qui sont désormais obsolètes.

CHEZ LE FLEURISTE > décembre à avril, bulbes de début septembre à fin octobre
DANS LE JARDIN > avril et mai
COULEURS > bleu, blanc, bleu à œil blanc
NOMS > *Muscari armeniacum, M. comosum*

Myrte

« Le bonheur dans le foyer »

Symbole de l'amour partagé, qu'il protège et prolonge, le myrte est la fleur des ménages heureux.
D'une croissance lente et d'une grande longévité qui dépasse un siècle, le myrte caractérise un amour durable. L'association du myrte avec la notion d'un mariage heureux et de l'amour conjugal remonte à l'Antiquité. Supposé rendre amoureux et protéger la vie sentimentale, le myrte était associé à Vénus, déesse de l'Amour qui était vêtue des feuilles de cet arbrisseau. À l'époque romaine, les fiancés portaient des couronnes de myrte le jour de leurs noces, une coutume qui a perduré jusqu'au XIXe siècle, en Allemagne dans la région de Brême. Dans le Languedoc, on en accrochait des guirlandes à la porte des nouveaux époux. Aujourd'hui encore, le myrte est considéré comme bénéfique s'il est planté par la femme de part et d'autre de la porte principale de la maison. Cet arbuste est alors sensé apporter bonheur, paix et joie à ses occupants, à condition qu'ils en prennent soin et ne le laissent pas dépérir. Dans ce cas, les conséquences pourraient, dit-on, être franchement redoutables...

Le saviez-vous ?

- Dans les orgies romaines, une branche de myrte passait de main en main avec la lyre, invitation pour chaque convive à chanter des vers érotiques.
- Les fleurs parfumées du myrte servent à la préparation d'une huile cosmétique que l'on appelle « l'eau des anges ».
- Les baies du myrte commun peuvent être utilisées comme du poivre. Elles en ont d'ailleurs la saveur puissante et piquante.

Sens dessus dessous

- En Angleterre, du myrte dans un jardin annonce le mariage prochain d'un des membres de la famille. En Allemagne, on dit qu'une jeune fille qui plante toute seule un pied de myrte risque de ne jamais trouver de mari.

CHEZ LE FLEURISTE > avril à juillet
DANS LE JARDIN > juin à août
COULEUR > blanc
NOM BOTANIQUE > *Myrtus communis*

Mon cœur te dit je t'aime...

Œillet simple

« Des fiancés qui s'aiment »

Fleur aux mille et une significations, l'œillet est avant tout le symbole d'un amour qui va perdurer.

Au XIXe siècle, dans le langage classique des fleurs, l'œillet rouge simple évoque l'amour pur et sincère. Il s'utilise pour annoncer des fiançailles. Cette fleur ardente, souvent très agréablement parfumée est aussi une image de fidélité, qui peut se traduire en ces mots : « faisons tout pour imposer notre amour et le conserver ». En choisissant un œillet rouge à fleur double, vous conservez la signification du message, en lui ajoutant une connotation érotique déguisée. Vous évoquez ainsi de manière élégante l'ardeur de vos ébats et envisagez de les enflammer encore plus en scellant définitivement votre relation. Ne vous méprenez pas, l'œillet rose est l'insigne d'un amour de femme, il prend vite une connotation homosexuelle. Et surtout pas d'œillet jaune, qui est l'expression d'un profond dédain !

Le saviez-vous ?

- En Angleterre, l'œillet rose est la fleur que l'on offre de préférence à la fête des Mères. Surtout pas d'œillet blanc, il est considéré ici comme portant malheur !
- L'œillet rouge est associé à la fête du Travail (1er mai). C'est aussi au Portugal un symbole de liberté, consacré par la fameuse « révolution des œillets ».
- Lors d'un mariage, père et beau-père portent un œillet rouge, le marié un œillet blanc.

« *Dans le jardin sucré d'œillets et d'aromates,*
Lorsque l'aube a mouillé le serpolet touffu,
Et que les lourds frelons suspendus aux tomates
Chancellent de rosée et de sève pourvus,
Je viendrai sous l'azur et la brume flottante,
Ivre du temps vivace et du jour retrouvé,
Mon cœur se dressera comme le coq qui chante
Insatiablement vers le soleil levé. »

(Comtesse Anna de Noailles)

CHEZ LE FLEURISTE > toute l'année
DANS LE JARDIN > juin à août
COULEURS > rouge, rose, blanc, jaune
NOM BOTANIQUE > *Dianthus* x *caryophyllus.*

Oranger

« Réjouissances nuptiales »

D'un blanc pur sublime et parée d'un parfum très érotique, la fleur d'oranger est l'image du bonheur nuptial. Les bouquets de fleurs de l'oranger exaltent l'élégance et la beauté, tout en étant évocateurs d'une pureté associée à la virginité. Ces fleurs enjôleuses par leur parfum disent : « tu es aussi pure que belle » et annoncent des réjouissances nuptiales où se mêlent douceur, virginité et fidélité. C'est la fleur des jeunes mariées, qui en tressaient des couronnes et s'en ceignaient le front en signe de virginité. Cette coutume vient des Arabes pour qui la fleur d'oranger symbolise un mariage heureux, prospère et fécond. En Crète, aujourd'hui encore, on asperge les mariés d'eau de fleur d'oranger avec la même idée symbolique, tandis qu'en Sardaigne, on attache des oranges aux cornes des bœufs qui tirent la carriole nuptiale. De nos jours, la fleur d'oranger participe toujours activement au mariage, mais à l'évidence avec un message plus coquin. Son parfum narcotique divulgue les prémices d'un grand moment de volupté.

Le saviez-vous ?

- La « pomme d'or » offerte par Junon à Jupiter le jour de leur mariage était une orange.
- Un des douze travaux d'Hercule consista à cueillir les pommes d'or du jardin des Hespérides, qui étaient bien des oranges.
- En Sicile, on pare les statues de la Vierge de fleurs d'oranger le dimanche de Pâques.
- À Brighton, la tradition veut que l'on joue aux boules avec des oranges le lendemain de Noël.

« *Oranger, dont la voûte épaisse*
Servit à cacher nos amours,
Reçois et conserve toujours
Ces vers, enfants de ma tendresse ;
Et dis à ceux qu'un doux loisir
Amènera dans ce bocage,
Que si l'on mourait de plaisir,
Je succomberais sous ton ombrage. »

(de Forges de Parny)

CHEZ LE FLEURISTE > toute l'année
DANS LE JARDIN > mars à avril
COULEUR > blanc très pur
NOM BOTANIQUE > *Citrus sinensis*

Orobanche

« Une demande en mariage »

C'est en raison de son parasitisme que l'orobanche est associée à l'union des cœurs et au mariage. Dépourvue de chlorophylle, l'orobanche ne peut survivre sans la présence d'une autre plante dont elle va tirer sa subsistance. Cette particularité évoque à l'évidence les liens du mariage et la dépendance qui était jadis le lot de la femme dans la plupart des couples. Bien qu'elle prenne une apparence très originale et se pare de couleurs assez chatoyantes, l'inflorescence d'orobanche est très rarement utilisée dans les bouquets d'aujourd'hui, parce que cette plante n'est pas cultivée et qu'elle tient très peu de temps en vase. En revanche, on avait jadis l'habitude à la campagne de la cueillir dans les champs et d'en rapporter un épi pour accompagner sa demande en mariage. Elle symbolisait alors la relation fusionnelle que le futur époux désirait entretenir avec l'élue de son cœur.

Sens dessus dessous

- Le nom « orobanche » était déjà utilisé par Dioscoride au premier siècle après J.-C. pour désigner cette plante. Ce mot vient du grec *orobos*, vesce, et *agkhein*, étouffer, certaines espèces d'orobanches étant parasites des légumineuses.
- L'orobanche du genêt *(Orobanche rapum-genista)* est aussi appelée localement « pain de lièvre », « pain de lapin » ou « herbe aux taureaux », car elle est souvent broutée par ces animaux.

Le saviez-vous ?

- Les inflorescences de certaines orobanches américaines étaient consommées par les Indiens. En France, on a utilisé, en guise d'asperges, les jeunes pousses des orobanches du serpolet, de la centaurée et du gaillet.

CHEZ LE FLEURISTE > très rarement proposée
DANS LE JARDIN > mai à juillet
COULEURS > rouge, blanc, pourpre, jaune
NOM BOTANIQUE > *Orobanche spp.*

Pivoine

« Mon amour veille sur toi »

Il y a un côté bienveillant dans la pivoine, fleur rassurante par son opulence et son charme apaisant.
Considérée en Chine comme la reine des fleurs, la pivoine est la plante de la sérénité, du bonheur tranquille et de l'abondance. C'est la fleur que le marié offre à sa fiancée au moment du mariage pour dire : « je t'aime et je te protège » ou que les amis apportent pour souhaiter une union heureuse et prospère. Il y a une beauté spontanée et de la sincérité chez la pivoine, mais aussi un petit quelque chose de réconfortant. On retrouve d'ailleurs cette notion dans l'étymologie de son nom, *paionios,* en grec signifiant salutaire. La pivoine est aussi réputée posséder un pouvoir protecteur.
Mais il ne faut pas toujours se fier à son apparente innocence, la pivoine peut émettre un parfum troublant qui ne manque pas de sensualité. Elle exprime alors l'apaisement des sens après l'amour et la félicité absolue dans la récréation érotique.

Le saviez-vous ?

- La légende veut qu'un jardin planté de pivoines ne souffre ni de l'orage ni de la grêle.
- Si un pétale de pivoine posé dans la paume de la main produit un bruit sec lorsqu'il est frappé avec le poing, cela signifie que votre conjoint est resté fidèle.
- Dans les campagnes, on effeuillait aussi les fleurs des pivoines doubles, comme celles des marguerites : il m'aime, un peu, beaucoup, passionnément…

« *Avides de s'unir au glorieux été,*
La pivoine touffue
et l'anémone rose
Se pâment de désir et semblent rejeter
Le lâche vêtement
des corolles décloses. »

(Comtesse Anna de Noailles)

CHEZ LE FLEURISTE > mars à mai
DANS LE JARDIN > avril à juin
COULEURS > rouge, rose, blanc, jaune
NOMS BOTANIQUES > *Paeonia lactiflora, P. suffruticosa, P. officinalis, P. lutea*

À bientôt nous deux...

Rose trémière

« Soyons libres de nous aimer »

Plante de l'amour sans détour, la très gracieuse rose trémière affiche vos sentiments en toute franchise.

Dans le classique langage des fleurs du XIXe siècle, la rose trémière conjugue le mot amour à tous les temps. Amour sans façon, amour sans détour, amour franc et noble, elle libère les passions et l'ambition conduisant à l'union. C'est une fleur que l'on peut offrir dans ses variétés pastel à l'occasion des fiançailles. Mais elle sera aussi présentée en gerbes généreuses et multicolores pour décorer le buffet du banquet de noces. La rose trémière est aussi la plante qui marque le projet d'une relation durable et fructueuse, car elle sous-entend : « aimons-nous librement et pour de très longues années ». La connotation de liberté est vraiment importante chez la rose trémière. Un bouquet peut tout aussi bien poser la question : « et si tu étais libre, m'aimerais-tu ? » Il faut voir aussi chez cette plante une référence à la fécondité. La rose trémière est en effet considérée dans sa Chine d'origine comme un symbole de la fertilité, en raison de la profusion de graines qu'elle produit et de sa tendance à essaimer un peu partout dans le jardin.

Sens dessus dessous

- *Alcea* vient du grec *alkaia* qui désigne une guimauve. Les anglais appellent la rose trémière *hollyhock*, c'est-à-dire : « crosse bénie ». Rose trémière est une altération de « rose d'outre-mer », ancien nom de cette plante. On la disait jadis « brodée de roses choux », d'où le mot « rose ».
- La rose trémière est aussi appelée « bâton de Jacob », « bâton de Saint-Jacques », « passe-rose », « bourdon de Saint-Jacques ».

« *Une haute rose trémière*
Dressait sur le toit de chardons
Ses cloches pleines de lumière
Où carillonnaient les bourdons »

(Victor Hugo)

CHEZ LE FLEURISTE > juin à septembre
DANS LE JARDIN > juillet à septembre
COULEURS > rouge, blanc, rose, jaune
NOM BOTANIQUE > *Alcea rosea*

Verveine

« Je te livre mon amour »

Réputée envoûtante, la verveine est la fleur de la confidence amoureuse qui débouche vers l'union sacrée.
Si la tradition attribue à la verveine officinale des vertus magiques et une image quasi miraculeuse de plante qui exauce les vœux les plus secrets, il est possible de faire passer le même message aujourd'hui avec les innombrables variétés de verveines décoratives, dont les fleurs sont à l'évidence plus séduisantes. C'est la plante à offrir pour une confession amoureuse délicate, principalement une demande en mariage. Dans ce cas, il faut que la fleur soit blanche ou présente des marques blanches. Une belle potée de verveines, de préférence de couleur rouge vif, présentée de façon un peu théâtrale signifie que vous souhaitez dévoiler un secret, c'est-à-dire accomplir votre démarche amoureuse.
Mais attention, vous pouvez aussi lire le message à l'envers. Il se traduit alors par : « ma vie cache un secret et je n'ose te le dire », ce qui, dans le cas d'une relation déjà établie, peut sous-entendre l'aveu d'une double vie.

Le saviez-vous ?

- La verveine était sacrée pour les Grecs et les Romains, qui l'employaient dans les potions magiques et les rites sacrificiels.
- La table de Jupiter reposait sur un lit de verveine, d'où les notions d'inspiration et de poésie qui sont aussi attachées à la fleur.
- On appelait la verveine officinale « herbe aux sorcières », car elle servait à leurs besognes maléfiques mais protégeait aussi des sortilèges et ensorcellements.

« *Je sommeillais seulement à demi,*
À côté d'un brin de verveine
Dont le parfum vivait à peine
Et qu'en rêvant j'avais cueilli. »

(Alfred de Musset)

CHEZ LE FLEURISTE > avril à juin en pot
DANS LE JARDIN > mai à octobre
COULEURS > violet, rouge, blanc
NOMS BOTANIQUES > *Verbena* x *hybrida, V. officinalis, V. bonariensis*

Dites-le aussi avec ces fleurs...

Voici une liste complémentaire de plantes qui célèbrent en beauté les serments d'amour. Elles peuvent toutes faire partie des somptueuses gerbes décorant l'autel des mariages. Des fleurs dont le message intense et passionné vous engage dans une relation durable...

Alisier *(Sorbus torminalis)*
accord et harmonie dans le couple

Calcéolaire *(Calceolaria x)*
demande en mariage, noces

Charme *(Carpinus betulus)*
mariage

Chélidoine *(Chelidonium spp.)*
joies futures, prolificité dans l'amour

Chèvrefeuille *(Lonicera spp.)*
« ni vous sans moi, ni moi sans vous », liens d'amour, amour captif, union des cœurs

Géranium-lierre *(Pelargonium peltatum x)*
amour dans le mariage, faveurs nuptiales

Œillet blanc *(Dianthus x)*
mariage, « je me marie »

Œillet rouge *(Dianthus x)*
mariage, « je marie mes enfants »

Pensée bleue *(Viola x wittrockiana)*
« j'ai confiance en notre amour »

Tilleul *(Tilia americana, T. cordata, T. x euchlora)*
demande en mariage, amour conjugal

Volkaméria *(Caryopteris x clandonensis)*
«tous nos souhaits de bonheur», « puissiez-vous être heureux »

Xyloston *(Lonicera xylosteum)*
doux liens d'amour

Romance d'aujourd'hui

Réunies par du lierre qui vous jure fidélité en disant : « rien ne peut me détacher de toi », les mignonnes clochettes bleues des muscaris sont l'annonce faite par une âme sensible et romantique d'un tout prochain mariage. On doit y voir l'assurance d'un amour très sincère et durable.

Fidélité

Embrassant avec une forte détermination l'échelle de la vie, une gerbe de jasmin jaillit pour avouer vos sentiments : « je désire que mon amour soit la chose la plus importante à tes yeux ». La présence du lierre vous engage dans la durée, car il avertit : « je te suis très attaché ».

Corps et âme

Disposés selon une tendre inclinaison qui confirme d'emblée vos sentiments, cette plantation d'œillets rouges invite à croquer la pomme. « Je te suis dévouée corps et âme », clame cette fleur symbole des fiançailles. Elle dévoile un amour pur et ardent et assure d'une tendresse constante, d'une passion partagée et d'une totale fidélité.

rupture

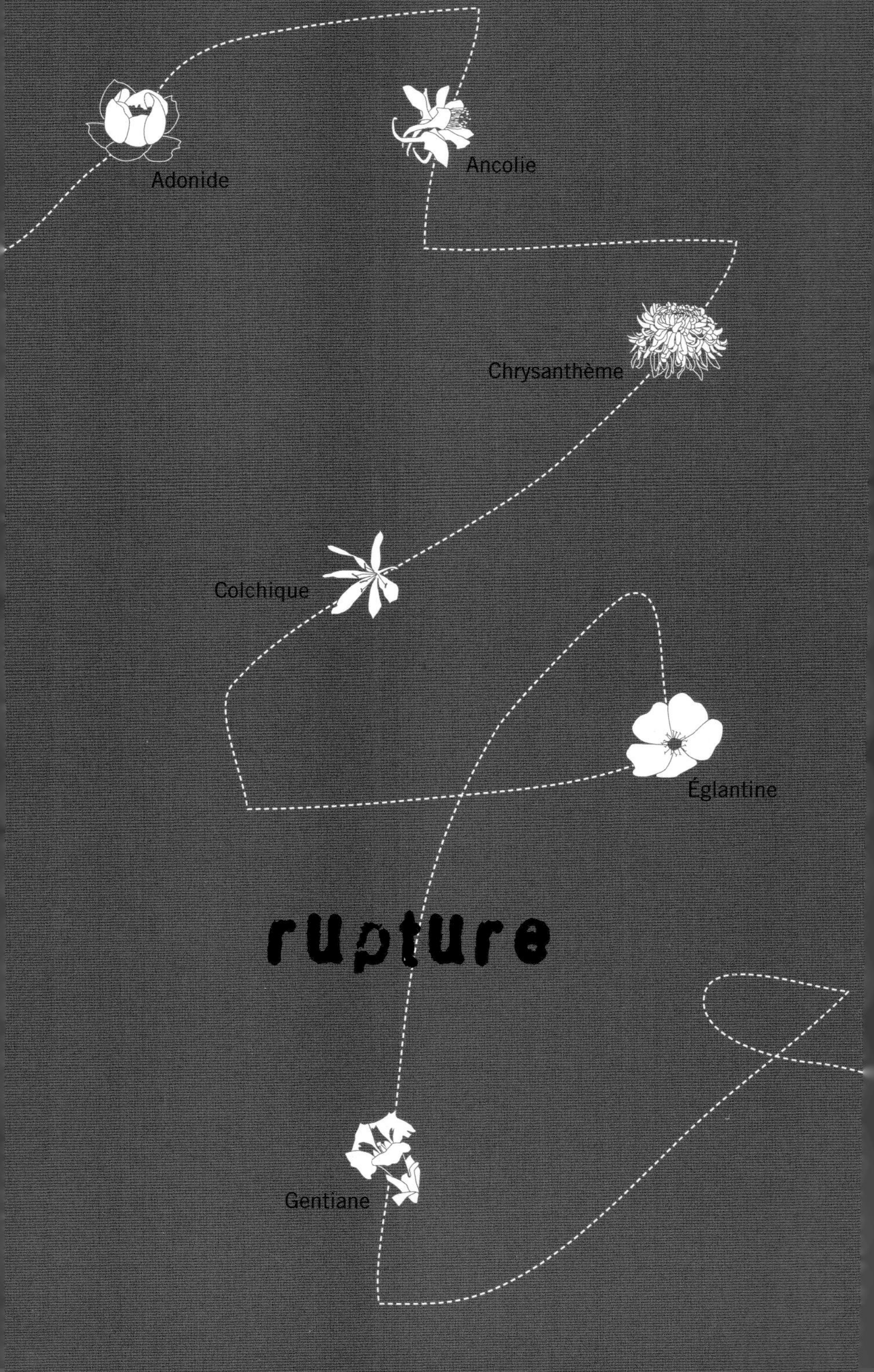
Adonide
Ancolie
Chrysanthème
Colchique
Églantine
Gentiane

chagrins d'amour

Adonide

« Chagrin d'amour »

Icône immortelle de la peine, la timide fleur d'adonide verse des larmes de sang sur un amour perdu.

Fleur sauvage, qui jadis tachait l'or des blés de ses corolles vermeilles, l'adonide goutte-de-sang est depuis l'Antiquité la fleur du chagrin d'amour et des souvenirs douloureux. Délicat rubis au cœur de velours noir, dans lequel certains voient parfois l'œil d'un faisan ou d'une perdrix, la fleur d'Adonis panse les tendres blessures ou apporte une note d'espoir dans les peines de cœur. En effet, cette fleur légendaire évoque un espoir de renouveau et même de résurrection. Car, selon la mythologie, Adonis, radieux jeune homme amant de la déesse de l'Amour, fut tué par un sanglier lors d'une partie de chasse. Aphrodite tenta de le sauver, mais n'y parvint pas. Elle implora Zeus de lui redonner la vie, et Zeus accepta que le bel éphèbe renaisse chaque année sous la forme d'une fleur. Et du sang d'Adonis surgit ce bouton à la robe rouge sombre, qui, en s'élargissant comme une tache sanglante, fait revivre cet amour de jeunesse et rend hommage à la beauté masculine.

Le saviez-vous ?

- Un « Adoniste » désignait jadis un botaniste chargé d'inventorier les plantes qui étaient cultivées dans un jardin.
- Sans parfum ni nectar, les fleurs des adonides fournissent pourtant du pollen aux abeilles.
- L'adonide de printemps *(Adonis vernalis)*, possède des propriétés similaires à celles de la digitale, avec une action plus rapide.
- La dose létale d'adonidine pour un homme est de 0,6 g !

« *...Le garçon qui gisait près d'elle fondit dans l'air et s'évapora loin de sa vue. De son sang qui sur le sol restait répandu, une fleur rouge jaillit, mouchetée de blanc, ressemblant fort aux joues pâles d'Adonis et aux gouttes de sang qui avaient marqué leur blancheur.* »

(William Shakespeare)

CHEZ LE FLEURISTE > juin à août
DANS LE JARDIN > juin à août
COULEURS > rouge foncé, rouge sang
NOM BOTANIQUE > *Adonis aestivalis*

Ancolie

« Aveu d'infidélité »

L'ancolie, fleur bouffonne qui danse au gré du vent, parée du violet de la mélancolie, est une belle infidèle. Insouciante séductrice qui essaime à loisir, l'ancolie est une fleur volage qui mérite bien son attribut d'inconstance. La victime d'un adultère peut offrir des ancolies, de préférence mauves ou violacées, pour attirer l'attention sur son désarroi et tenter de reconquérir les faveurs de la personne aimée. Dans le langage classique des fleurs, l'ancolie, quelle que soit sa couleur, avoue : « tu me jettes dans un grand trouble », ce qui marque bien votre perplexité dans une situation délicate.

Associée à la folie depuis le Moyen Âge, l'ancolie peut aussi être utilisée pour se faire pardonner en disant : « j'ai fait une folie » ou « l'amour m'a fait perdre la raison ». Une fois les liens rétablis, vous pourrez à l'occasion offrir cette fleur en mélange de couleurs pour signifier : « je suis fou de toi ».

Attention, on disait que mâcher les graines d'une ancolie mauve inspirait l'amour et promettait d'accomplir des prouesses sexuelles. Idéal pour se réconcilier !

Sens dessus dessous

- *Aquilegia*, vient du latin *aquila*, aigle, les cinq capuchons dressés du calice se recourbant comme les serres d'un rapace. Ce mot pourrait aussi dériver du latin *aquilegium*, réservoir d'eau, les pétales formant une coupe minuscule où perle la rosée.
- Le nom « colombine » donné parfois à l'ancolie, qui est appelée *« columbine »* en Angleterre, vient de la forme de la fleur qui évoque cinq colombes buvant à une coupe.

« *...Peut-être n'est-il pas besoin*
d'un mai finissant pour rougir l'ancolie
qui vient d'Aquilée et qu'on nomme
aussi bien gant de Notre-Dame
ou fleur du parfait amour.
L'angonie disait
Eustache Deschamps... »

(Louis Aragon, *Blanche*)

CHEZ LE FLEURISTE > mai et juin
DANS LE JARDIN > mai et juin
COULEURS > rouge, blanc, mauve, jaune, violet
NOMS BOTANIQUES > *Aquilegia vulgaris, A. x hybrida*

Chrysanthème

« Notre amour s'amoindrit »

Troublant par sa complexité, le chrysanthème évoque la fragilité de l'amour et des sentiments infinis.
Il n'est pas très facile d'offrir des chrysanthèmes à grosses fleurs en raison de l'image de deuil qui leur est solidement attachée. Même si tout va mal dans votre couple, il serait de la plus extrême goujaterie de vous présenter avec cette plante en pot ! En revanche, l'effet somptueux d'une belle gerbe de grands chrysanthèmes peut vous aider à triompher des orages dans une vie de couple ou indiquer avec tact la fin d'une liaison impossible. Le chrysanthème va servir de parabole pour signifier le déclin de votre amour. Si vous avez l'intention de rompre, optez alors pour des couleurs puissantes ou foncées dans les pourpres et mordorés. Mais si vous espérez renouer des liens, préférez des chrysanthèmes blancs ou jaune vif.
Attention, des variétés à petites fleurs ou des « Tokyo » marquent de l'optimisme et de la gaieté, souhaitant avec force une vie longue et heureuse. Que du bonheur !

Le saviez-vous ?

- Depuis que le poète chinois Tao Yuanming préféra sa culture aux honneurs, le chrysanthème évoque dans l'Empire du Milieu l'abandon du monde matériel, au profit d'une vie simple et spirituelle.
- Les Japonais assurent que la contemplation du chrysanthème, fleur aux formes parfaites, apporte la paix et renforce l'âme.
- Le rond rouge sur le drapeau du Japon serait la représentation stylisée d'un chrysanthème.

La petite histoire

- Selon une légende japonaise, si vous buvez la rosée du pétale d'un chrysanthème sur lequel sont écrites quatre lignes du soutra de Kannon, vous vivrez 1000 ans. Énigmatique, mais cela vaut la peine d'essayer, non ?

CHEZ LE FLEURISTE > toute l'année
DANS LE JARDIN > septembre à novembre
COULEURS > rouge, blanc, mauve, jaune,
NOM > *Chrysanthemum* x *hybridum*

Liaison fatale...

Colchique

« Notre bonheur se termine »

« Colchique dans les prés, c'est la fin de l'été », chante la comptine. Mais c'est aussi la fin des amours... Cette belle bulbeuse automnale dégage une certaine mélancolie et un brin de nostalgie, car elle s'épanouit juste avant que la mauvaise saison ne débute et dans une période où la végétation s'évanouit dans le paysage. Dans le langage classique des fleurs, le colchique traduit une rupture, signifiant : « nos beaux jours sont passés » et « que ton amour ne me fasse plus souffrir ». C'est une plante que l'on peut aussi offrir pour exprimer sa jalousie, car elle renferme des principes toxiques, ce qui marque de façon subtile la perfidie d'une trahison sentimentale.

Mais il y aussi un petit côté coquin à découvrir chez le colchique. Charles Darwin l'a mis adroitement en exergue, en décrivant dans ces termes poétiques les trois pistils et les six étamines de la fleur : « trois jeunes filles rougissantes comme des nymphes impatientes et intrépides, défendues par six jeunes gaillards enamourés ».

La petite histoire

- Le nom *Colchicum* évoque la Colchide, région des rives de la mer Noire, où la plante était abondante. C'est là que les Argonautes auraient trouvé la Toison d'or. Médée, leur magicienne, utilisa les colchiques dans ses philtres et liqueurs magiques pour se rajeunir, afin de séduire Jason dont elle était amoureuse. Quelques gouttes de l'élixir tombèrent sur le sol et en jaillirent des fleurs de colchique !

« *Le pré est vénéneux, mais joli en automne,*
Les vaches y paissant, lentement s'empoisonnent
Le colchique couleur de cerne et de lilas
Y fleurit. Tes yeux sont comme cette fleur là,
Violâtre comme leur cerne et comme cet automne
Et lentement ma vie,
pour tes yeux s'empoisonne. »

(Guillaume Apollinaire)

CHEZ LE FLEURISTE > bulbes de mai à juillet
DANS LE JARDIN > août et septembre
COULEURS > rose, mauve, blanc
NOM BOTANIQUE > *Colchicum autumnale*

Églantine

« Notre amour va décroissant »

Tendre rose sauvage, les pétales de l'églantier tombent progressivement comme un amour en pente douce.

Muse des poètes, l'églantine est considérée dans la philosophie romantique comme la fleur des délices fugitifs, une beauté qui évoque, par la pluie nonchalante de ses pétales, un amour vacillant ou défaillant. Dans son éphémère robe aux couleurs du printemps, l'églantine avoue : « notre bonheur ne durera pas » ou, de façon plus élégante : « les jours passés ensemble s'estompent trop vite ». Avec ses rameaux épineux, l'églantine tente d'aiguillonner l'amour, mais elle ne parvient qu'à blesser. Les sentiments délicats évoqués par cette rose sauvage appelée aussi « rose des chiens » sont décrits avec une rare finesse dans cet écrit anonyme du XIXe siècle : « L'amour est une rose rouge, la tendresse une églantine. L'amour comme la rose ne vit que peu de temps. La tendresse, elle, est là, éternelle et puissante… Et si le temps défie l'amour, la tendresse, elle, défie le temps. »

Le saviez-vous ?

- Le nom « églantier » vient du latin *aquilentum*, qui a des piquants, ou de *acus*, aiguille.
- Fleur des poètes, l'églantine se portait jadis à la boutonnière. Elle est également l'emblème de l'académie de poésie.
- Les fleurs de l'églantier ont longtemps servi en cosmétique. Grâce à leurs réelles propriétés astringentes, elles sont censées resserrer les pores de la peau et en raffermir le grain.

« *…L'amour est comme l'églantine sauvage, l'amitié est comme le houx. Le houx est sombre lorsque l'églantine est en fleur. Mais lequel fleurit avec le plus de constance ?* »

(Emily Brontë, *Love and Friendship*)

CHEZ LE FLEURISTE > mai et juin en fleurs, octobre à décembre en plant
DANS LE JARDIN > mai et juin
COULEUR > rose plus ou moins foncé
NOM BOTANIQUE > *Rosa canina*

On ne nous verra plus ensemble…

Gentiane

« En me fuyant, tu me fais souffrir »

Timide, la gentiane semble se dérober aux regards, évoquant une attitude fuyante qui attriste et déconcerte. Le bleu intense des fleurs de la gentiane inspire de la mélancolie, de même que ses gracieuses corolles qui restent désespérément fermées par temps couvert. Seules les douces caresses du soleil parviennent à séduire ces fleurs et à les convaincre de nous ouvrir leur cœur fragile. C'est ce comportement qui vaut à la gentiane d'être la fleur des amours difficiles. Elle symbolise la malicieuse coquette qui séduit, mais se dérobe aux avances de ses amoureux transis. La gentiane est une belle allumeuse, qui, dans l'indécision de sa floraison, exprime bien les tourments de l'amour et les alternances d'espoir et d'abattement qui caractérisent le jeu si pervers de la séduction, sans abandon ni conclusion. La gentiane traduit la souffrance du cœur et pose cette question : « pourquoi refuser mes avances ? » La grande gentiane jaune que l'on rencontre l'été dans les prairies alpestres est plus majestueuse, mais elle évoque les mêmes sentiments avec une acuité accrue. Elle dévoile même de la déception, qui peut aller jusqu'au mépris, en rappelant l'attitude ingrate de la personne aimée, qui se soustrait à vos avances.

Le saviez-vous ?

- La tradition veut que la gentiane soit placée sous la tutelle de Vénus, ce qui en fait une plante protectrice de l'amour.
- Dans les pratiques magiques, on conseille de prendre des bains d'eau de gentiane et de faire brûler un peu d'essence de cette plante pour faire revenir un être aimé.
- Les sorcières utilisaient la gentiane pour préparer leurs philtres d'amour, associée à de l'angélique et à des anémones.

« *Tu fleuris, timide dans la rosée d'automne,*
Habillée d'un bleu de paradis.
Tu t'épanouis quand la douce lumière
Succède à la nuit piquante et glaciale.
Et tu pointes ton œil timide et doux,
Regardant le ciel à travers tes franges
Bleue, bleue, comme si le ciel laissait tomber
Une fleur de son immense mur azuré. »

(William Cullen Bryant, *Fringed Gentian*)

CHEZ LE FLEURISTE > fevrier à mai
DANS LE JARDIN > juillet à octobre
COULEURS > bleu clair, bleu foncé, jaune
NOMS BOTANIQUES > *Gentiana acaulis, G. lutea*

Mauve

« Peines de cœur »

La teinte mélancolique des fleurs de la mauve, aux propriétés adoucissantes, apaise les chagrins d'amour. Il y a du romantisme dans la mauve. C'est la fleur des amours orageuses, des liaisons difficiles et des cœurs brisés, qui exalte les passions en s'écriant : « tu ne sais pas combien je souffre ». La mauve doit cette symbolique un peu triste à la teinte particulière de ses fleurs qui évoque le deuil, mais aussi à leur piètre tenue en vase. En effet, les pétales se flétrissent en quelques heures, à l'image d'un amour qui se consume. Le coloris intense de la mauve affirme des sentiments puissants et une affliction d'autant plus profonde que la fleur est sombre.

Attention, la mauve est aussi chargée de mysticisme. Les Anciens la considéraient comme une plante tout à fait bienfaisante et lui attribuaient la faculté d'amener au détachement et à la sérénité. Purificatrice, l'eau de fleurs de mauve est supposée procurer des rêves agréables et prémonitoires et stabiliser les sentiments dans l'harmonie du foyer.

La petite histoire

- Les Romains offraient des fleurs de mauve aux mânes, l'âme des morts, qu'ils vénéraient. Ils la cultivaient aussi comme plante potagère, consommant les jeunes feuilles et les pousses tendres.
- Pythagore, mathématicien grec, considérait la mauve comme une plante sacrée. Les fleurs se tournant vers le soleil, il pensait que la mauve avait le pouvoir de modérer les passions et de procurer la liberté de l'esprit.

Sens dessus dessous

- Les noms « mauve » et *Malva* viennent du grec *malakos*, mou, car la plante est émolliente.
- La couleur mauve est associée à la teinte des fleurs. On appelle aussi la mauve « herbe à fromage », en raison de la forme de ses fruits.

CHEZ LE FLEURISTE > juin à octobre
DANS LE JARDIN > juin à octobre
COULEURS > mauve, blanc
NOMS BOTANIQUES > *Malva sylvestris, M. moschata, M. alcea*

Si tu m'appelles mélancolie...

Myosotis

« Souviens-toi de moi »

Plante associée au souvenir, le myosotis retrace les moments heureux, ou bien adoucit une séparation.
Appel à la mémoire, le message du myosotis se traduit en ces mots : « ne m'oublie pas ! » Dans le langage des fleurs du temps jadis, il flattait le caractère mélodramatique des rapports amoureux et le romantisme, avec son respect suranné pour le dévouement aveugle et chaste. Aujourd'hui, offrez des myosotis à votre belle adorée, à l'occasion d'une séparation temporaire due à un voyage. Cueillir un brin de myosotis en pensant à la personne aimée est censé transmettre à l'absent vos sentiments. La timide corolle bleue au cœur blanc semble murmurer ces jolis mots qui s'affichaient au début du XXe siècle sur les cartes de la Saint-Valentin : « je suis la fleur de ton cœur, celle qui s'ouvrira quand tu penseras à moi et qui se refermera quand tu m'oublieras ».
Le myosotis est aussi la fleur d'une rupture qui se déroule dans un parfait accord, ce qui explique pourquoi on l'appelle parfois « herbe d'oubli ».

Le saviez-vous ?

- Les chrétiens considèrent le myosotis comme la fleur du paradis et du salut de l'âme, qui entre dans le royaume des Cieux. C'est pourquoi son image est souvent associée à celle des personnes disparues.
- Le myosotis possède des propriétés très légèrement soporifiques, ce qui lui a valu le nom d'« herbe de l'amour » que les Anciens utilisaient couramment en infusion.

La petite histoire

- Au Moyen Âge, un chevalier et sa belle se promenaient au bord d'une rivière. L'homme, voulant cueillir une fleur, bascula dans l'eau. Avant d'être englouti par les flots, il jeta la fleur à la dame en lui criant : « Ne m'oubliez pas ! »

CHEZ LE FLEURISTE > février à mai
DANS LE JARDIN > avril à juin
COULEURS > bleu, rose, blanc
NOM BOTANIQUE > *Myosotis sylvatica* x

Nénuphar

« Manque d'amour »

Virginal, le nénuphar est la fleur de la froideur, voire même de la frigidité et, surtout, d'amours insatisfaites.
« Tu ne me donnes pas assez d'amour » est le message que délivre une corbeille de nénuphars roses. Ce superbe présent est une manière élégante de reprocher un simple comportement distant ou frivole, la non-réponse à des avances ou bien, de façon plus polissonne, une libido insatisfaite. En choisissant une variété rouge, vous orientez définitivement le message côté sexe, disant : « tu m'embrases sans me satisfaire » ou « tu ne sais pas aimer ».
Candide et chaste, le nénuphar blanc est censé protéger les amoureux, les inspirer et les inciter à s'élever au-dessus des voluptés sensuelles, afin qu'ils puissent développer leur intuition et leurs pensées créatrices. Dans un couple dont les sentiments commencent à s'estomper, offrir des nénuphars signifie : « j'ai perdu jusqu'au souvenir de l'amour », c'est-à-dire : « tu me délaisses ».

Sens dessus dessous

- Nymphaea est le nom d'une nymphe qu'un amour passionné pour Hercule conduisit au tombeau. Ce dernier, qui l'avait repoussée, voulut éterniser sa mémoire sous forme d'une fleur.
- Le mot « nénuphar » vient de l'égyptien *nanoufar*, les belles, nom que l'on attribuait à ces plantes dans l'Égypte ancienne.
- Le nénuphar était appelé jadis « herbe aux moines », car il était réputé anaphrodisiaque.

La petite histoire

- Par une belle nuit indienne, l'étoile du Berger et l'étoile Polaire se querellèrent. Des étincelles jaillissant du combat tombèrent dans les lacs et les rivières, se métamorphosant en nénuphar, le « lis sacré des eaux ».

CHEZ LE FLEURISTE > juin à septembre
DANS LE JARDIN > juin à septembre
COULEURS > rouge, blanc, rose, jaune, pourpre
NOM BOTANIQUE > *Nymphaea* x *hybrida*

Souci

« Je suis triste loin de toi »

Bien qu'il soit fleur de soleil, le souci est associé à l'image de la peine et de l'ennui, voire de la jalousie.
Depuis l'Antiquité, les fleurs de souci évoquent douleur et chagrin, car elles rappellent les larmes que la déesse Aphrodite avait versées après la mort du bel Adonis son amant. Les romantiques donnaient au souci le sens du tourment amoureux, car « ses fleurs pleurent chaque jour le départ du soleil en refermant leurs pétales contre leur cœur ». Tout comme le myosotis, le souci dont le nom populaire souligne le présage, s'offre pour marquer la détresse d'une séparation temporaire. Mais, attention, on peut y voir un soupçon de jalousie et de l'inquiétude pour la suite de la relation intime.

Associé aux roses, le souci évoque une douce peine d'amour. Avec des pavots ou des pensées, il dit : « je calmerai vos peines ».
Dans un bouquet composé avec d'autres fleurs, le souci rappelle la nature inconstante de la vie, où se mêlent fortuitement les joies, les peines, les plaisirs et les soucis.

La petite histoire

- Lorsque Proserpine fut enlevée par Pluton, elle cueillait des soucis au pied de l'Etna. Elle en emporta quelques-uns aux Enfers et, depuis lors, la fleur du souci dégage une odeur peu agréable.
- En Espagne, les rois d'Aragon portaient des fleurs de souci séchées pour conjurer le mal.
- Marguerite d'Orléans, grand-mère maternelle d'Henri IV, avait pour blason un souci tournant sa corolle vers le soleil.

« *Tu plais, car Chloris, au matin,*
Vient te cueillir pour sa corbeille ;
Tu plais, car les fleurs de ton sein
Enrichissent l'active abeille.
Heureux dans ta simplicité,
Tu fuis le faste de la ville ;
Heureux de ton obscurité,
Humble souci, tu vis tranquille. »

(Romance du XVIIIe siècle)

CHEZ LE FLEURISTE > février à septembre
DANS LE JARDIN > mai à octobre
COULEURS > jaune, orangé
NOM BOTANIQUE > *Calendula officinalis*

Zinnia

« Je ne t'aime plus »

Malgré ses couleurs éclatantes, il y a de la raideur brutale dans le zinnia, ce qui en fait une fleur de la rupture. Comme le qualifie si finement Émile Zola par cette phrase : « Des champs de zinnias, pareils à de grosses pâquerettes courroucées », il y a de la colère dans le zinnia, son explosion de couleurs excessives confinant à l'exaspération. C'est ce qui en fait la fleur du mal d'amour, celle que l'on offre pour une désunion ferme et définitive. Dans ce cas, le zinnia doit être pris comme un hommage élégant qui scelle la séparation, en évitant les mots malheureux ou blessants. Pour cet usage, les zinnias pourpres et violacés conviennent tout particulièrement. Attention, selon les couleurs utilisées, le message va être différent, alors méfiance. Un bouquet de zinnias rouge vif marque un signe de recueillement : « ayons une pensée pour les amis absents ». Une brassée de zinnias roses est plus encourageante, puisqu'elle se traduit par : « veux-tu flirter avec moi » ? Quant à un mélange de coloris, c'est un tout naturel signe d'affection.

Le saviez-vous ?

- Le genre *Zinnia* a été créé par Linné en 1763, en l'honneur du botaniste allemand Johann Gottfried Zinn (1727 - 1759), professeur à Göttingen.
- Lorsque les conquistadores espagnols parvinrent au Mexique vers 1520, ils trouvèrent des zinnias dans les jardins de Montezuma et les appelèrent *mal de ojos*, c'est-à-dire « mal aux yeux », en raison de leurs couleurs vives et lumineuses.

« *Depuis quelques années, le zinnia est grand comme une soucoupe, comme un coussin, comme le rond tapis de pied que brodaient nos grands-mères. Sauf le bleu, il accède à toutes les nuances, et chez moi le rouge pur, un rose chinois, un autre rose safrané dominent.* »

(Colette, *Prisons et Paradis*)

CHEZ LE FLEURISTE > juin à octobre
DANS LE JARDIN > juillet à septembre
COULEURS > toutes sauf le bleu
NOM BOTANIQUE > *Zinnia elegans*

Dites-le aussi avec ces fleurs...

Voici une liste complémentaire de plantes qui évoquent les troubles du cœur et les amours déçues. Témoins discrets des plaies de l'âme, ces fleurs rappellent les tourments qui vous bouleversent, associant clairvoyance et délicatesse. Leur bouquet sera plus éloquent que les mots ...

Abricot (fruit) *(Prunus armeniaca)*
infidélité

Aconit *(Aconitum napellus)*
amours empoisonnées

Anthémis *(Argyranthemum frutescens)*
« notre amour est terminé », rupture

Artichaut *(Cynara cardunculus)*
« tu es volage », « tu as un cœur d'artichaut »

Belle-de-jour *(Convolvulus tricolor)*
infidélité

Bignone *(Campsis spp.)*
séparation

Cinéraire maritime *(Senecio cineraria)*
douleur du cœur

Ciste (rose des rochers) *(Cistus spp.)*
jalousie

Rose jaune *(Rosa x hybrida)*
amour déclinant, infidélité, jalousie

Saule pleureur *(Salix babylonica)*
séparation, divorce

Tanaisie *(Pyrethrum tanacetum)*
amour terminé

Valériane
(Valeriana officinalis, Centranthus ruber)
« tu as brisé mon cœur »

Poison du cœur

Piquée dans un vase noir qui exprime le côté sombre de vos sentiments, une touffe d'aconits proteste sur votre relation difficile, en signifiant : « ton amour est empoisonné, je me méfie de toi. » Il peut aussi évoquer une trahison, une tricherie. À utiliser avec modération…

Grâce infidèle

Exposant infidélité, jalousie et pardon, la rose jaune dépeint tous les états d'âme qu'entraîne un amour en errance. Cette composition avec des feuilles de cinéraire maritime exprime bien les douleurs du cœur.

Souvenirs d'amour

Dans ce bouquet rond, les fleurs de chrysanthèmes s'affirment par leur opulence. C'est un dernier rapprochement avant la rupture, qui déclare : « tu as détruit mon amour, surmontons les difficultés ».

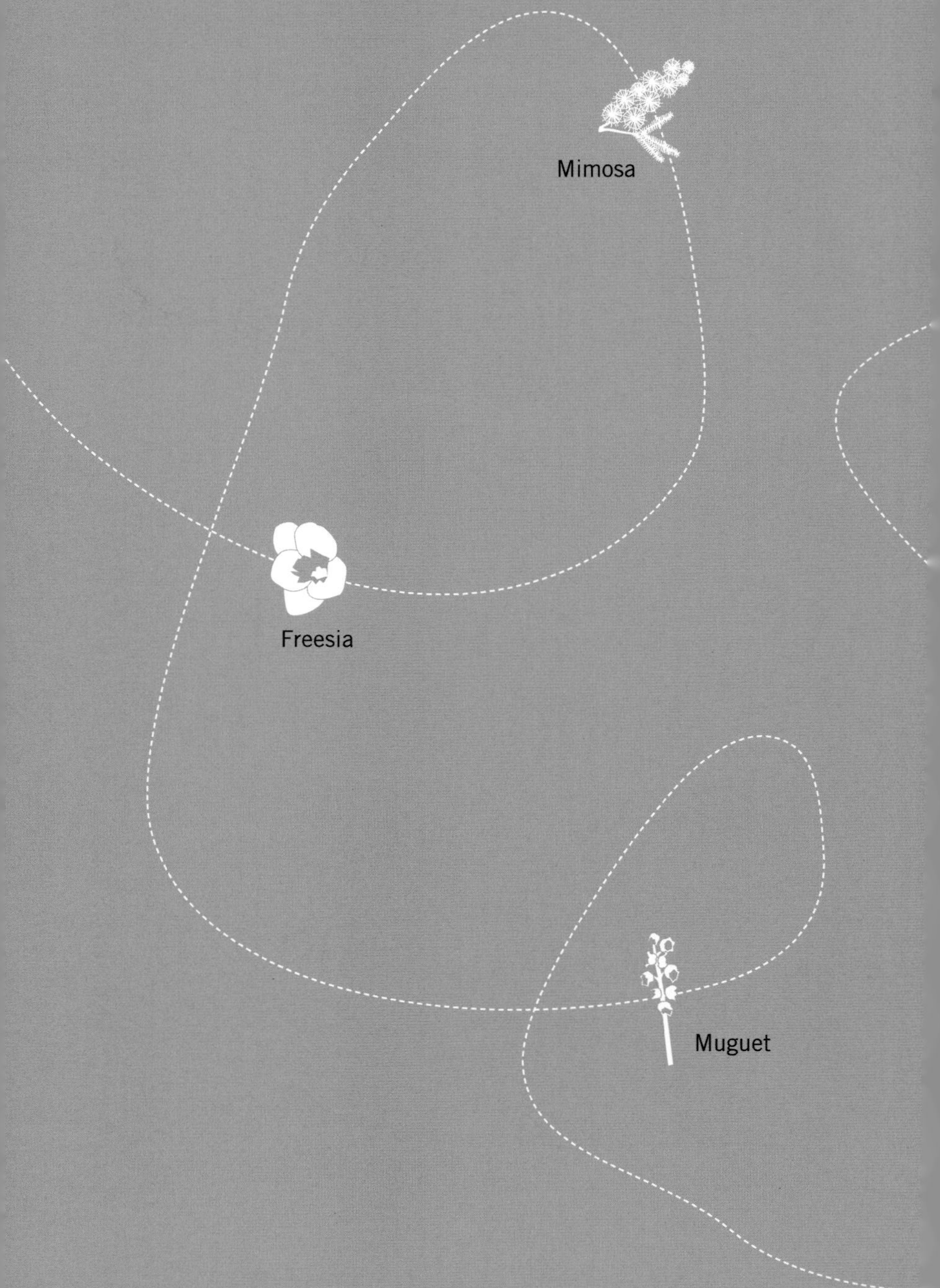
Mimosa
Freesia
Muguet

réconciliation

Après la pluie, le beau temps...

Freesia

« Redécouvrons le plaisir »

Avec ses fleurs aux couleurs chaleureuses parées d'un doux parfum, le freesia accorde tous les plaisirs. Ravissante fleur à bulbe qui fait l'objet d'incessants croisements en vue d'augmenter la palette de ses coloris, le freesia est une des plantes à bouquet les plus prisées. Mariant en beauté élégance, couleurs et senteurs, c'est une fleur très sensuelle qui, dans le bien prude langage des fleurs du temps jadis, signifie : « retrouvons-nous avec plaisir ». Le sens a subtilement évolué aujourd'hui pour se parer d'une nuance plus érotique et associer les retrouvailles du corps à celles du cœur. On peut donc confesser avec un joli bouquet de freesias une volonté de reconquête, qui se traduit par : « redécouvrons nos doux moments de volupté ». La nature charnelle du message sera d'autant plus intense que les fleurs choisies se pareront de couleur de feu, mêlant habilement le rouge et le jaune. Le comble sera atteint si les fleurs exhalent le subtil et frais parfum de bergamote et de bois de rose qu'ont malheureusement perdu certains hybrides de freesias.

Le saviez-vous ?

- Le genre *Freesia* a été créé par Christian P. Ecklon, en hommage à Friedrich Theodore Freese, botaniste allemand du XIXe siècle.
- Surnommé « muguet du Cap » en raison de son origine et du parfum de ses fleurs, le freesia est une bulbeuse formant un cormus.
- Les freesias sont des Iridacées dont il existe onze espèces, toutes originaires d'Afrique du Sud, la plupart de l'ouest de la province du cap de Bonne Espérance.

C'est le bouquet !

- Les freesias gagnent à être groupés et non pas disséminés dans un bouquet. Ils tiennent dix jours en vase, dans de l'eau tiède, enrichie d'une cuillerée à café de sucre en poudre. La nuit, placez le vase dans une pièce entre 10 et 15 °C.

CHEZ LE FLEURISTE > toute l'année
DANS LE JARDIN > avril et mai
COULEURS > jaune, rouge, blanc, rose
NOM BOTANIQUE > *Freesia* x *hybrida*

Mimosa

« Retrouvons nos secrets »

Doux et léger comme une caresse, le mimosa aux fleurs d'or est la fleur des retrouvailles voluptueuses. Comme une fratrie de poussins frileusement agglutinés sous les plumes de leur mère, les fleurs du mimosa s'épanouissent dans la fraîcheur de l'hiver. Cet arbre australien, image emblématique de la Côte d'Azur, est la fleur sensible et tendre des rencontres secrètes et des mots d'amour veloutés que l'on se murmure à l'oreille. Un bouquet de mimosa exprime la joie de se trouver à nouveau réunis après un voyage ou une période orageuse. Il y a aussi de l'excitation dans l'or lumineux du pompon de mimosa. Sa teinte éclatante déchaîne les passions, et son velouté évoque la douceur des caresses qui viennent combler les angoisses d'une séparation ou d'un malentendu. Au Moyen-Orient, ne place-t-on pas une branche de mimosa au-dessus du lit conjugal pour prolonger l'amour et réprimer la jalousie ?

Le saviez-vous ?

- Mimosa vient du latin *mimus*, mime, allusion aux propriétés sensitives de certaines espèces dont les feuilles se rétractent lorsqu'on les touche.
- En Australie, on a retrouvé des fossiles de mimosas datant de 250 millions d'années.
- Les mimosas sont parfois appelés « gommiers », parce qu'ils sécrètent une gomme naturelle et comestible dont on fait les bonbons « boules de gomme ».

« *Les femmes voluptueuses*
Dans l'été amoureux,
Tissent pour leurs oreilles
Des boucles de fleurs,
Fragiles pétales de mimosas,
Et les abeilles,
Caressent leurs joues
de doux baisers. »

(Kâlidâsa Sâkuntâla)

CHEZ LE FLEURISTE > novembre à mars
DANS LE JARDIN > décembre à février
COULEURS > jaune, blanc
NOMS BOTANIQUES > *Acacia dealbata, A. retinodes*

Muguet

« C'est le retour du bonheur »

Fleur porte-bonheur emblématique, le muguet au parfum langoureux est aussi la fleur des amours renouées. Les clochettes juponnées du muguet virevoltent comme des ballerines en tutu blanc, suspendues au fil gracile de leur pédoncule. Dans un ravissement parfumé, cette fleur symbolise la renaissance du bonheur et de l'amour. Cette allégorie vient de la mythologie, où le muguet, appelé « gazon de Parnasse », avait été créé par Apollon pour tapisser les prés du Parnasse, jardin où vivaient les Muses. C'est pourquoi, dans le langage classique des fleurs, on ajoute l'image de la beauté féminine au message du muguet qui souffle : « rien ne vous pare mieux que votre beauté », soit de nos jours : « tu as un corps superbe » ou « tu es désirable ». Fleurissant en mai, mois des amours par excellence, le muguet est un gage de félicité, l'offrande de treize brins parfumés étant le souhait d'un bonheur éternel.

Le saviez-vous ?

- On attribue aussi au muguet une image de chasteté, de piété et d'humilité en raison de la blancheur de ses fleurs qui s'inclinent, en courbant la tête comme pour une prière.
- Au XVIe siècle, on distillait des fleurs de muguet dans du vin, conservant ce breuvage précieux dans des récipients d'or.
- Muguet vient du latin *muscus*, musc, allusion à son parfum suave, légèrement musqué.

« *Sur le cresson de la fontaine*
Où le cerf boit, l'oreille au guet,
De sa main glacée, Mars égrène
Les grelots d'argent du muguet. »

(Théophile Gautier
Émaux et Camées)

CHEZ LE FLEURISTE > 1er mai
DANS LE JARDIN > début mai
COULEURS > blanc, rose
NOM BOTANIQUE > *Convallaria majalis*

Olivier

« Aimons-nous en paix »

Image biblique de la paix et de la réconciliation, l'olivier est la plante des amours paisibles et durables.
Depuis que la colombe envoyée en reconnaissance par Noé après le Déluge revint avec dans le bec un rameau d'olivier, cet arbre, caractéristique des pays méditerranéens, est devenu l'emblème de la paix et de la sagesse.
Dans le langage amoureux, il conserve la même symbolique et s'offre après une période de conflit ou une forte dispute, en signe de bonne volonté pour marquer le souhait de vous rabibocher.
L'amour dans la paix et la sérénité qu'incarne l'olivier est tout à fait propice pour sceller une union. Il est donc de très bon augure d'offrir un jeune plant d'olivier à de jeunes mariés. C'est leur souhaiter de façon concrète, élégante et subtile du bonheur dans leur couple, une vie longue, sereine et prospère, ponctuée de beaucoup d'enfants, car il y a aussi un présage de fécondité dans l'olivier, arbre généreux porteur de nombreux fruits.

La petite histoire

- Athéna, déesse de la Sagesse, et Poséidon, dieu de la Mer, se querellaient sur le futur nom de la première ville de Grèce. Zeus décida que celui qui ferait don à la ville du bien le plus précieux aurait la préférence. Frappant le sol de son trident, Poséidon fit naître un destrier fougueux. Athéna, de son côté, fit surgir du sol un olivier, apportant l'huile et la nourriture. Son choix prévalut et la ville prit le nom d'Athènes.

« *La connais-tu, Dafné,*
cette ancienne romance,
Au pied du Sycomore
ou sous les lauriers blancs,
Sous l'olivier, le myrte
ou les saules tremblants,
Cette chanson d'amour…
qui toujours recommence. »

(Gérard de Nerval)

CHEZ LE FLEURISTE > toute l'année
DANS LE JARDIN > toute l'année
COULEURS > fleurs blanchâtres, feuillage argenté
NOM BOTANIQUE > *Olea europaea*

Laisse mes mains sur tes hanches...

Noisetier

« Reprenons nos relations »

Arbuste magique et mystique qui présage la paix et la réconciliation, le noisetier réunit les amoureux.
Chez les Celtes, la floraison très précoce du noisetier symbolisait le renouveau printanier, réconciliation de la nature avec l'homme. Dans le langage des fleurs, le coudrier, comme on l'appelait au XIXe siècle, en fait de même entre les individus et leurs amours. Le message se renforce lorsque les branches servent d'écrin à un bouquet de fleurs qui évoquent le même sentiment, comme le freesia, le mimosa, la renouée, l'ornithogale ou la valériane. Même s'il est bien plus décoratif, évitez le noisetier à rameaux tortueux (*Corylus avellana* 'Contorta'), dont les circonvolutions peuvent laisse présumer d'un manque de franchise. Préférez le noisetier pourpre, dont les reflets rouges signent la présence de l'amour.
Des branches portant des fruits sous-entendent même « faisons un enfant », car la tradition veut qu'une abondance de noisettes soit le présage de naissances nombreuses.

La petite histoire

- Mercure fit un jour présent à Apollon d'une lyre. Le dieu de la Poésie lui donna en échange une baguette de noisetier qui avait le pouvoir de réconcilier les ennemis les plus acharnés. Rencontrant deux serpents qui se battaient, Mercure leur jeta la baguette. Les reptiles cessèrent le combat et s'entortillèrent autour du rameau, leur corps formant un arc. Mercure en fit son emblème et le symbole de la paix.

Le saviez-vous ?

- Le 31 octobre, jour d'Halloween, les jeunes filles posaient des noisettes sur les braises du foyer en disant : « si tu m'aimes, éclate et envole-toi ; si tu me détestes, brûle et éteins-toi ». Une noisette qui sautait présageait le bonheur.

CHEZ LE FLEURISTE > toute l'année
DANS LE JARDIN > février et mars
COULEUR > jaune grisâtre
NOM BOTANIQUE > *Corylus avellana*

Romarin

« Ta présence me ranime »

L'essence aromatique du romarin a un effet tonique et bienfaisant qui lui vaut l'image d'un amour revigoré. La symbolique sentimentale du romarin est déjà très ancienne, puisque, dans l'œuvre de Shakespeare *Roméo et Juliette*, le jeune héros réaffirme son amour éternel à Juliette en lui offrant un bouquet de cet arbuste. Est-ce le feuillage persistant et la solide végétation buissonnante du romarin qui lui valent son image de réconfort ? Le fait est que, dans le langage des fleurs traditionnel, une branche de romarin fleurie est utilisée pour dire : « votre présence me rend à la vie et j'ai le cœur heureux », ce qui aujourd'hui se traduit plus simplement par : « je suis ravi de te voir » ou même : « c'est super d'être ensemble ». Plante des cœurs chaleureux et des tendres sentiments, le romarin était, dans le Midi, l'emblème des mariages. Se laver les mains avec une infusion de cette plante, aux effluves aromatiques agréables, était même supposé attirer l'élu de votre cœur. Avec le romarin, il y a toujours de l'amour dans l'air !

La petite histoire

- Au XVIIe siècle, la reine Isabel de Hongrie, âgée de 72 ans, qui souffrait de rhumatismes, oublia ses douleurs et rajeunit grâce à « l'eau de la Reine de Hongrie », une lotion alcoolisée de romarin, lavande et menthe. Le résultat fut tel que le roi de Pologne la demanda en mariage. Une proposition que la « jeune reine » refusa, car elle prit le voile, s'offrant à Dieu, qui lui avait envoyé cet élixir miraculeux.

« *Je laisse courir le romarin partout le long des murs de mon jardin, non seulement parce que mes abeilles en raffolent, mais aussi parce que c'est l'herbe sacrée du souvenir et partant de là, de l'amitié.* »

(saint Thomas More)

CHEZ LE FLEURISTE > toute l'année
DANS LE JARDIN > de février à avril et septembre
COULEURS > bleu clair, bleu lavande
NOM BOTANIQUE > *Rosmarinus officinalis*

Retour du bonheur

Dans un tendre feu d'artifice, cette corbeille festive fait exploser les sentiments. Les fleurs vous font une véritable déclaration : « nous avons retrouvé le bonheur (muguet), je t'aime avec tendresse (rose rose) sans cesser de penser à toi (gerbera) ». Ce bouquet triomphant célèbre la victoire de l'amour (palmier) avec une ferveur teintée d'érotisme (cymbidium).

Secrets d'alcôve

Ce simple bouquet au parfum capiteux est le témoin de l'amour redécouvert. Avec le freesia, c'est le plaisir des retrouvailles, qui rappelle : « notre amour résiste en dépit des obstacles ». Ce doux bonheur est renforcé par le mimosa, la fleur qui libère les sentiments cachés et garantit un indéfectible souvenir.

amour
Giroflée
Bruyère rose
Eucharis
Aster
Citronnier
Cyclamen rouge
Alstroemère
Consoude
Croix de Jérusalem

toujours

Iris
Immortelle
Ixia
Seringat
Lavande
Nigelle de Damas
Lotus
Magnolia

Alstroemère

« Au comble de la félicité »

La richesse et l'énergie que dégagent les fleurs d'alstroemère gratifient l'harmonie dans l'amour.
Cette fleur que l'on appelle aussi le « lis des Incas » fait l'objet d'une vogue accrue, due à sa palette de couleurs toujours plus large et à son exceptionnelle tenue dans les bouquets. Comme une envolée de papillons aux ailes de lumière et de feu, l'alstroemère s'associe à la délectation des amours réussies et au bonheur d'un couple équilibré qui communie dans la même affection. L'alstroemère est la fleur de la félicité. Il affirme la joie de vivre ensemble dans la douceur du foyer familial et symbolise la communion des âmes. Il y a donc un petit côté mystique dans cette fleur que les Incas consacraient au dieu Soleil. Et, en choisissant des variétés dans les tons pastel, vous manifestez une dévotion qui convient bien aux grands moments heureux de votre vie mais aussi à la célébration des cérémonies religieuses.

C'est le bouquet !

- Les alstroemères durent de douze à vingt jours en vase, si la fleur est conservée dans de l'eau très propre. Coupez les tiges et retirez le feuillage inférieur, puis ajoutez à l'eau un conservateur pour fleurs coupées. Ne laissez pas les fleurs à proximité immédiate de pommes ou de tomates mûres, car l'éthylène que dégagent naturellement ces fruits accélère le processus d'épanouissement de la fleur, qui fane alors plus vite.

Sens dessus dessous

- Le genre *Alstroemeria* a été créé par le naturaliste suédois Linné pour honorer son ami le baron Clas Alströmer (1736 - 1794). Il voyageait à travers l'Europe pour collecter des plantes que Linné classait et nommait.

CHEZ LE FLEURISTE > toute l'année
DANS LE JARDIN > juin à août
COULEURS > jaune, orange, rouge, blanc
NOM BOTANIQUE > *Alstroemeria* x

Aster

« Je t'aime plus que tout »

Avec sa floraison tardive, l'aster conjugue l'amour au superlatif avec une myriade de pensées tendres.
Comme Colette, qui écrivait : « j'aurai l'aster pour étoiler mes nuits », offrez cette fleur pour partager des moments heureux et les consteller de frissons voluptueux. Fleur de l'amour confiant et constant, l'aster sécurise votre partenaire et lui assure que l'intensité de vos sentiments ne faiblit pas. Dans un élan poétique, vous signifiez avec cette fleur : « notre amour scintille au firmament et brille de mille feux comme les étoiles ». Dans le langage classique des fleurs, cette envolée romantique se traduit par : « l'amour que je ressens est plus fort que tout », c'est-à-dire, pour les amoureux transis d'aujourd'hui : « tu es trop, ça me branche à fond ».
L'aster symbolise aussi « avoir une arrière-pensée », car, en raison de sa floraison automnale, il évoque la dernière pensée de Flore, la déesse des Fleurs, pour l'humanité, avant qu'elle ne s'évanouisse dans la torpeur hivernale.

Sens dessus dessous

- Dans *Faust*, le célèbre opéra de Gounod, Marguerite arrache une à une les ligules d'une fleur d'aster, comme on le fait avec une marguerite, et s'exclame au tout dernier : « il m'aime ! » Et Faust répond : « oui, crois en cette fleur à tes pieds, c'est un signe du paradis vers ton cœur. »
- Le nom de genre *Aster* créé par Linné vient du nom grec qui signifie « étoile ». Il fait allusion à la forme rayonnée de la fleur.

La petite histoire

- Astrée, déesse de l'Innocence exilée dans la constellation de la Vierge, pleure des poussières d'étoiles. En retombant sur le sol de la Terre, elles se transforment en fleurs, les asters, qui, par leur nom, évoquent la déesse.

CHEZ LE FLEURISTE > avril à novembre
DANS LE JARDIN > mai, puis septembre et octobre
COULEURS > rouge, blanc, mauve, bleu, violet
NOMS BOTANIQUES > *Aster amellus, A. novae-angliae*

Bruyère

« Notre amour est intense et solide »

Poussant sur les landes pauvres et dans des conditions difficiles, la bruyère est la fleur des amours forts. Timide buisson au port compact et même rampant, la bruyère dissimule derrière son apparente discrétion une solidité à toute épreuve. C'est pourquoi le langage traditionnel des fleurs en fait l'emblème de la solidité dans l'amour, de la force des sentiments, et des unions robustes et durables. Douce au toucher, délicate dans son architecture qui associe un feuillage ténu à des fleurs en clochettes aux couleurs tendres, la bruyère fait passer un message d'amour délicat et complice, surtout lorsqu'elle est offerte dans les tons roses. La bruyère blanche s'offre plutôt en guise de porte-bonheur pour dire : « que tes vœux se réalisent ». Entre jeunes amoureux, elle peut également signifier un engagement dans une relation durable. Dans ses coloris foncés, rouge ou pourpre, la bruyère affirme, de façon discrète, des sentiments naissants avec cette phrase : « mon esprit divague et rêve à notre future rencontre ».

Le saviez-vous ?

- Dans la région des Hébrides en Écosse, on fabrique une bière originale en mélangeant deux tiers de jeunes pousses fleuries de bruyère pour un tiers de malt.
- Les fleurs de bruyère sont diurétiques et antiseptiques. Leur infusion est utilisée contre les infections urinaires, surtout les cystites (une cuillerée à soupe dans une tasse d'eau bouillante).
- La bruyère était associée aux maléfices et aux envoûtements.

« *Il est sur ma montagne*
une épaisse bruyère
Où les pas du chasseur
ont peine à se plonger
Qui plus haut que nos fronts
lève sa tête altière
Et garde dans la nuit
le pâtre et l'étranger. »

(Alfred de Vigny)

CHEZ LE FLEURISTE > toute l'année
DANS LE JARDIN > toute l'année
COULEURS > rose, rouge, blanc
NOMS > *Erica carnea, Calluna vulgaris*

Citronnier

« Fidélité dans l'amour »

Très parfumées et présentes toute l'année sur l'arbre, les fleurs du citronnier illustrent l'amour éternel. Simple et pure comme la tendresse et l'amour conjugal, la fleur du citronnier affiche la beauté sans artifice des gens heureux. Discrète dans la blancheur de ses pétales, elle porte sur le cœur le bijou d'or éclatant de ses étamines, comme une marque d'engagement dans la relation. Porter une fleur de citronnier à la boutonnière ou en parer sa chevelure signifie « mon cœur est pris ». Entre amants, dont la relation est surtout charnelle, le parfum ensorcelant de la fleur de citronnier aura pour but d'aiguiser les sens et d'augmenter l'union voluptueuse des corps.

Il y a aussi une sympathique notion de fécondité chez le citronnier lorsqu'on offre un plant portant à la fois fleurs et fruits. Les Grecs pensaient en effet que le citron avait été créé en signe de liesse lors du mariage de Junon et de Jupiter. C'est pourquoi ils le réservaient aux fêtes nuptiales et voyaient en lui un des symboles de la fertilité.

Le saviez-vous ?

- Le citronnier appartient, tout comme les seize autres espèces d'agrumes, à la famille des Rutacées. Certains botanistes pensent qu'il s'agirait d'une hybridation naturelle entre *Citrus medica* (le cédrat) et *Citrus aurantifolia* (le lime, ou citron vert).
- Durant longtemps, le citron a été dénommé « limon » en français et l'arbre, « limonier ». Mais on a finalement préféré la dérivation de son nom grec *kitron.*

« *Vois les arbres du Mède*
et leur orange amère,
Qui, lorsque la marâtre
aux fils d'une autre mère,
Verse le noir poison
d'un breuvage enchanté,
De leur corps expirant,
ramène la santé. »

(Virgile)

CHEZ LE FLEURISTE > toute l'année
DANS LE JARDIN > toute l'année
COULEUR > blanc au cœur d'étamines jaunes
NOM BOTANIQUE > *Citrus limon*

Consoude

« Notre amour est inaltérable »

Considérée depuis toujours comme une plante bienfaisante, la consoude est la fleur de l'amour éternel.
En dépit des petits poils raides qui la recouvrent et lui donnent un toucher rugueux peu agréable, la consoude exprime toujours des sentiments positifs dans le langage des fleurs. C'est une plante rustique et sans problème qui matérialise des sentiments durables et profonds, parce que, une fois installée dans un jardin, elle devient quasiment indestructible. Elle traduit donc bien l'idée d'un amour incorruptible qui se vit dans la stabilité. La consoude s'offre pour concrétiser une passion forte et vivace, une liaison qui évolue toujours dans le sens positif. C'est la fleur de l'affection et de l'attachement du cœur, que l'on se dédie entre conjoints heureux de vivre ensemble.
Réputée jadis cicatriser les plaies, la consoude peut être présente dans un bouquet de réconciliation, avec des branches de noisetier et de romarin par exemple, pour restaurer une image de tempérance, de bien-être et aussi de solidité.

Sens dessus dessous

- Le genre *Symphytum* a été créé par Linné du grec *sun*, ensemble, et *phyton*, plante, en raison des nombreuses vertus médicinales attribuées à cette plante. Une autre étymologie est possible à partir du grec *symphyrein*, souder, car on a longtemps accordé à la plante la faculté de consolider les fractures et de refermer les plaies. C'est d'ailleurs de cette propriété que lui vient son nom populaire de « consoude ».

Le saviez-vous ?

- Les jeunes feuilles de consoude peuvent être mangées en salade ou se cuire comme des épinards. Les pousses les plus tendres constituent un bon succédané d'asperges. La racine écrasée sert à faire une teinture brune.

CHEZ LE FLEURISTE > très peu proposée
DANS LE JARDIN > mai à juillet
COULEURS > rose, violet, pourpre, blanc
NOM BOTANIQUE > *Symphytum officinalis*

L'amour en héritage...

Croix de Jérusalem

« Fidélité à toute épreuve »

Avec ses fleurs d'un rouge éclatant comme l'amour le plus fort, cette plante exprime une totale dévotion. Dans le langage romantique des fleurs du XIXe siècle, la croix de Jérusalem, que l'on trouve aussi sous le nom de « croix de Malte », s'exclame : « je ne puis vous quitter ! » C'est la plante de la dévotion, de l'attachement sans bornes et de l'amour indéfectible. Elle doit cette symbolique à ses panicules toujours réunies par deux, qui paraissent ne pouvoir vivre l'une sans l'autre. Arborant un des rouges les plus intenses et les plus lumineux que l'on puisse trouver dans le monde végétal, la fleur de la croix de Jérusalem s'offre chaque fois que l'on désire marquer une réelle adoration pour la personne qui partage notre vie. La fleur délivre un message indubitable et apaisant sur l'avenir radieux de la relation.
Attention, il est possible d'utiliser la croix de Jérusalem dans un esprit de conquête pour exprimer votre désir.

Le saviez-vous ?

- Le genre *Lychnis* a été créé par Linné, du grec *lychnos*, flambeau, allusion à l'usage des feuilles duveteuses de *Lychnis coronaria* comme mèches de bougies, que décrivait le Grec Théophraste au IIIe siècle avant Jésus-Christ.
- La croix de Jérusalem est associée à saint Jean-Baptiste (qui est fêté le 24 juin). Ses fleurs éclatantes sont aussi évoquées comme des « flammes éclairant ceux qui sont assis dans l'obscurité. »

Sens dessus dessous

- Les Anglais appellent *Lychnis chalcedonica* et *Lychnis coronaria « campion »*, mot dérivé de *champion*, car ces plantes entraient jadis dans la fabrication des guirlandes offertes aux sportifs victorieux dans les compétitions.

CHEZ LE FLEURISTE > juin à septembre
DANS LE JARDIN > juillet et août
COULEURS > rouge écarlate, rose, blanc
NOM BOTANIQUE > *Lychnis chalcedonica*

Cyclamen

« Notre amour est fait pour durer »

Le tubercule qui permet au cyclamen de résister aux conditions difficiles en fait la fleur de l'amour durable. Plante des sentiments impérissables et de l'affection profonde, le cyclamen est toujours un hommage de tendresse, qui, dans le même temps, complimente sur la beauté de la personne qui le reçoit. Née dans la robe d'argent de ses feuilles subtilement veinées, la fleur de cyclamen apparaît féminine et gracieuse, comme un bijou fragile et précieux auquel on va apporter les soins les plus attentifs. C'est l'image même d'un amour qui prospère grâce aux petites attentions de l'un et de l'autre. Déjà, au IIIe siècle avant Jésus-Christ, Théophraste expliquait que le cyclamen entrait dans la composition de philtres censés aiguiser l'amour et la sensualité. Aujourd'hui, offrir un cyclamen blanc nuancé de rouge, c'est dire : « je te remercie pour tes élans amoureux » ou bien de façon plus coquine : « nous avons bien fait l'amour, j'ai été comblé. »

Le saviez-vous ?

- Le nom « cyclamen » vient du grec *kuklos*, cercle, allusion aux pédoncules en forme de crosse.
- Le cyclamen servait à lutter contre les maléfices des sorcières. On en plaçait jadis dans la chambre conjugale pour protéger le couple pendant son sommeil.
- On appelle aussi le cyclamen d'Europe *(Cyclamen hederifolium)* « pain de pourceau », les porcs appréciant bien ses tubercules au goût brûlant et plutôt amer.

« *Cyclamen aux cornes froissées,*
Repose la tête où l'amour est né,
Qu'importe les fleurs qui poussent
Sur la montagne, le champ, la mousse,
Les tiennes sont les seules à exhaler
Ce doux parfum, sans jamais lasser.
Fidèle celle que j'aime immensément,
Va lui porter mon tendre présent. »

(Walter Savage Landor)

CHEZ LE FLEURISTE > octobre à janvier
DANS LE JARDIN > septembre à octobre
COULEURS > rouge, rose, mauve, blanc
NOM BOTANIQUE > *Cyclamen spp.*

Mon port d'attache…

Eucharis

« Restons toujours ensemble »

Couronnant en beauté les amours les plus tendres, l'eucharis est la fleur messagère d'une vie heureuse.
Comme une tiare royale surmontée d'un panache de plumes blanches, en signe de pureté et de fidélité, la fleur d'eucharis dégage une magnificence et un charisme qui n'appartiennent qu'à elle. Séductrice par son origine exotique, cette fleur ravit par ses lignes épurées et son parfum très subtil. Pas étonnant que les pères des mariés portent volontiers un eucharis à la boutonnière lors d'un mariage, en remplacement du trop classique œillet blanc, ou qu'il soit utilisé dans les bouquets de mariées. Fleur de l'amour durable, le « lis blanc d'Amazonie », comme on aime aussi l'appeler, est un présent charmant pour souhaiter des vœux de bonheur ou pour conforter une situation affective qui nous ravit. Dans le langage classique des fleurs, le message transmis par l'eucharis est : « ne m'oublie pas ». Cela permet de remplacer le traditionnel myosotis de façon plus solennelle et plus originale, pour déclarer par exemple lors d'un anniversaire de mariage : « nous resterons toujours ensemble. » Une promesse qui prendra encore plus de force si c'est une plante en pot que vous offrez.

Le saviez-vous ?

- *Eucharis* x *grandiflora* a été découvert en 1854, en Colombie (jadis Nouvelle-Grenade), d'où le nom « lis de Nouvelle-Grenade » qu'on lui donne aussi parfois.
- Au Surinam, c'est le « bâton de Joseph », une connotation religieuse qui vient de la couleur immaculée de la fleur.
- En Amazonie péruvienne, on prépare parfois un thé émétique (qui fait vomir) avec l'ensemble de la plante (y compris le bulbe).

Sens dessus dessous

- *Eucharis* vient du grec *eu*, bien, et *charis*, gracieux, référence à la beauté de la fleur. Le genre a été créé par Jules Émile Planchon (1823 - 1888), directeur du jardin des plantes de Montpellier, qui identifia le phylloxéra de la vigne.

CHEZ LE FLEURISTE > octobre à février
DANS LA MAISON > octobre à février
COULEUR > blanc
NOM BOTANIQUE > *Eucharis* x *grandiflora*

Giroflée

« Je t'aime de plus en plus »

Expression de l'affection constante, la giroflée dégage un sentiment d'optimisme et fait face à l'adversité. Déclinant ses nombreuses variétés dans des coloris chauds et intenses, la giroflée extériorise les émotions et renforce la passion. Cette fleur est un peu passée de mode, mais il ne faut pas hésiter à se l'offrir dans un couple, car elle associe la fidélité à l'intensité de l'attachement. Dès qu'elle présente une dominante rouge, feu ou brune, elle signifie : « plus qu'hier, moins que demain », c'est-à-dire : « chaque jour je t'aime un peu plus ». Si vous ajoutez une variété blanche dans le bouquet ou la potée, vous renforcerez la notion de loyauté et de tendresse. Cette fleur signale aussi une marque de dévouement et de solidité dans les épreuves qui en fait un message bien réconfortant.

La giroflée quarantaine, ou giroflée d'été *(Matthiola annua)*, dont le parfum suave est très tenace, poussait, dit-on, au paradis. Dans le langage traditionnel des fleurs, elle exprime la beauté durable. Jaune, elle marque votre préférence.

Le saviez-vous ?

- Selon la légende, une jeune fille qui avait été faite prisonnière par son père dans un vieux château écossais tenta de s'évader pour rejoindre son amant. Elle tomba et mourut sous ses yeux éplorés, renaissant aussitôt sous la forme d'une giroflée, plante qui est devenue le symbole de la fidélité.
- La giroflée exprime aussi une notion de souffrance, car elle pousse dans les ruines et sur les tombes abandonnées.

« *Une pierre petite,*
étroite, indifférente
Aux pas distraits de l'étranger !
La giroflée y cache un seul nom
sous ses gerbes
Un nom que nul écho
n'a jamais répété ! »

(Alphonse de Lamartine
Harmonies poétiques et religieuses)

CHEZ LE FLEURISTE > mars à septembre
DANS LE JARDIN > avril à juin
COULEURS > jaune, orange, rouge,
NOM BOTANIQUE > *Erysimum cheiri*

Immortelle

« Jusqu'au bout de l'amour »

Ces fleurs, qui présentent la particularité de se conserver longtemps séchées, définissent l'amour éternel. Un grand nombre de plantes portent le nom d'« immortelles », parce que leurs fleurs en séchant conservent leurs vives couleurs et composent des bouquets secs qui défient le temps. Il est donc tout naturel de retrouver chez les immortelles le symbole de l'amour total, de la passion qui ne s'éteint pas. On peut se contenter d'une acception au premier degré et voir dans un bouquet d'immortelles séchées l'image idyllique d'une liaison harmonieuse et durable. C'est d'ailleurs le sens que donne à cette fleur le langage des fleurs classique du XIXe siècle. Le bouquet sera utilisé bien volontiers par les « vieux mariés » pour un tendre petit présent qui rappelle leur engagement et le bonheur de vivre encore ensemble après tant d'années. Mais, les jeunes, qui préféreront à coup sûr des immortelles fraîches, y mettront une valeur plus érotique et se proposeront ainsi d'aller « jusqu'au bout de l'amour » dans une envolée de désir et de sensations époustouflantes !

Le saviez-vous ?

- Apollon, fils des amours de Zeus avec une mortelle (Lêto), portait une tiare d'immortelles pour rappeler son éternité.
- Les tiges d'immortelles étant souvent très fragiles une fois séchées, il est souvent nécessaire de les renforcer en les vaporisant avec de la laque de coiffeur.
- Pour obtenir un beau bouquet d'immortelles séchées, il faut les suspendre la tête en bas, dans un local bien aéré et sombre.

« *Ô toi ! Que l'amitié fidèle*
Réclame pour son attribut,
Fleur simple et durable comme elle,
Préside aux accords de mon luth.
Symbole heureux de la constance,
Quand je te chante inspire-moi ;
Et puissent, pour ma récompense,
Durer mes vers autant que toi ! »

(Constant Dubos)

CHEZ LE FLEURISTE > toute l'année
DANS LE JARDIN > juillet à septembre
COULEURS > rouge, rose, blanc, mauve, jaune
NOMS > *Xeranthemum sp., Rhodanthe spp.*

Iris

« Constance du cœur »

Tendresse, bonheur, amour, richesse, l'iris est le messager des bonnes nouvelles et des instants heureux. Doux comme de la soie, translucide comme un voile diaphane, irisé d'un arc-en-ciel de couleurs qui se mêlent dans une palette évanescente, l'iris est une des fleurs les plus riches et les plus variées. On l'appelait d'ailleurs jadis « orchidée du pauvre », signe de la valeur symbolique extrême de sa floraison. Dans le langage amoureux, offrir des iris est une confirmation des sentiments que l'on éprouve. Le bouquet dévoile votre constance et votre détermination. « Je te le dis encore et encore, je t'aime » est son délicat message, qui peut aussi se lire en ces mots : « je t'aime tendrement et avec bonheur », surtout lorsque la fleur est bicolore.
Attention, l'iris blanc indique une ardeur dans l'amour que ne laisse pas soupçonner sa teinte innocente !

Sens dessus dessous

- Iris, fille de Thaumas et d'Électre, était la messagère des dieux dans la Grèce antique. Elle descendait d'un arc-en-ciel pour apporter la parole divine et les bonnes nouvelles.
- L'iris est aussi le symbole de la douleur de la Vierge, percée du glaive, dont les feuilles à la pointe effilée évoquent la forme.
- Au Japon, on prête à l'iris des vertus purificatrices protectrices. Le 5 mai, il est de tradition de prendre des bains d'eau d'iris.

La petite histoire

- Clovis, encerclé par des Goths sur les bords du Rhin, remarqua un banc d'iris jaunes qui s'étendait loin dans le fleuve. Il en déduisit que se trouvait là un gué, ce qui permit à son armée de s'échapper. Et l'iris devint son emblème…

CHEZ LE FLEURISTE > avril et mai
DANS LE JARDIN > avril et mai
COULEURS > toutes, sauf rouge vif
NOM BOTANIQUE > *Iris spp.*

Ixia

« Je te resterai toujours fidèle »

La régularité et la continuité de sa floraison font de l'ixia l'image même d'un paisible amour au long cours. Portées par des tiges ténues qui font allusion aux liens fragiles de l'amour, les étoiles à six branches qui caractérisent les fleurs d'ixia s'épanouissent avec assiduité du bas en haut de l'inflorescence. Elles montrent en cela une image de constance et de sincérité que l'on imagine bien dans un couple harmonieux. Dans le langage des fleurs classique, offrir un bouquet d'ixias signifie : « je vous serai fidèle jusqu'à mon dernier souffle. » De nos jours, il est possible de traduire ce message avec cette image : « notre amour est un long fleuve tranquille ». Un bouquet en mélange multicolore de plusieurs variétés d'ixias exprime : « je t'aimerai toujours ». C'est donc un message d'engagement et le moyen de rassurer la personne aimée sur l'intensité de vos sentiments et de l'assurer de votre recherche constante du bonheur dans votre couple. Attention toutefois, l'œil noir qui caractérise les fleurs d'ixia peut aussi se lire comme un signe d'inquiétude. Dans ce cas, c'est une question fondamentale que pose la fleur : « m'aimeras-tu toujours ? »

Le saviez-vous ?

- Le genre *Ixia* a été créé par Linné en 1731. Il a repris ce nom donné par Dioscoride au Ier siècle de notre ère à une sorte de chardon qui présentait une grande variabilité de couleurs.
- Appartenant à la famille des Iridacées, les ixias se déclinent en une cinquantaine d'espèces, toutes originaires de la province du Cap en Afrique du Sud.
- Les ixias cultivés pour les fleurs coupées sont tous des hybrides.

« *Bercé par la douceur marine*
À la croisée de deux océans,
Étoile du Cap, tu illumines
Les vases du maître de céans.
Fille du menton de l'Afrique,
Tu n'ouvres ton cœur de charbon
Que sous un azur idyllique,
Ixia tu danses, comme c'est bon. »

(Madeleine Charrier, *Florésies*)

CHEZ LE FLEURISTE > avril à juillet
DANS LE JARDIN > juin à août
COULEURS > rouge, blanc, orange, jaune, rose
NOM BOTANIQUE > *Ixia* x *hybrida*

Lavande

« Je t'aime en toute tendresse »

Associant les images de tendresse, de respect et de loyauté, la lavande est bien la fleur bénéfique du couple. Réputée purificatrice (le nom « lavande» vient du latin *lavare*, laver), la lavande est la plante protectrice du foyer et des enfants. On dit que son essence attire dans la maison des énergies de joie, d'entente et de paix. Il suffit de s'en parfumer avec quelques gouttes pour éviter les scènes de ménage ! Fleur chargée de mille et un symboles qui associent amour et beauté, la lavande est avant tout l'emblème de l'harmonie. Elle signifie : « mon amour est aussi une marque de mon respect ». Elle peut aussi se lire comme un appel dans une déclaration amoureuse clamant : « réponds à mes avances ». Le parfum délicat de ses épis bleutés fait de cette fleur la messagère des aveux tendres, de la douceur et de l'attachement, teintés d'une pointe de coquetterie.

Mais, attention, se frotter le front avec de la lavande avant le coucher est réputé engendrer un sommeil qui risque d'être peuplé de fantômes !

Le saviez-vous ?

- La lavande traduit aussi de la méfiance, car les vipères aspics se cachent au creux de ses touffes (d'où le nom de lavande-aspic).
- Les vœux d'amour se scellaient jadis devant un bouquet de lavande, qui avait la réputation de favoriser la douceur et la sincérité dans les rapports conjugaux.
- Pour attirer l'amour, on fabriquait une poudre avec sel gemme, cannelle, menthe, rose et lavande à mélanger dans la pâte à pain.

La petite histoire

- Le vin étant interdit aux femmes de la bonne société romaine, les belles patriciennes qui désiraient goûter à ce « nectar défendu » mâchaient des épis de lavande pour que leur haleine ne les trahisse pas devant leurs maris.

CHEZ LE FLEURISTE > toute l'année
DANS LE JARDIN > de juin à août
COULEURS > bleu, lavande
NOM > *Lavandula angustifolia*

Lotus

« Amour et bonheur conjugal »

Image de la spiritualité, le lotus, dont la fleur confine à la perfection, évoque la félicité dans le couple.
Les fleurs du lotus étant le plus souvent réunies par deux sur la même tige, on voit dans cette plante une belle allégorie de l'amour conjugal et du bonheur dans le ménage. Le lotus symbolise aussi l'amour qui se développe. Le bouton de la fleur évoque un cœur qui grossit sous l'influence du sentiment amoureux, puis s'épanouit ensuite dans le bonheur et le ravissement, sous la forme de cette fleur merveilleuse, qui s'ouvre toute grande comme si elle s'extasiait. On peut voir aussi dans l'observation du lotus l'évocation du temps présent, passé et futur en raison de la présence simultanée sur la plante du bouton, de la fleur épanouie et du fruit portant les graines. On peut donc ajouter une note de constance et de longévité dans la relation en offrant un bouquet de lotus.

Sens dessus dessous

- Le lotus figure aussi le soleil, parce que la fleur s'ouvre le matin et se ferme le soir.
- La luxuriance de la plante est une marque de prospérité.
- Les très nombreuses graines que produit le lotus et leur faculté de germer après de très longues années en font l'image de la fécondité et de la postérité.
- Le lotus, fleur pure au milieu des eaux sales, matérialise une moralité inaltérable.

« *Le lotus et la grenouille,*
Il pleut, il pleut, il mouille,
Surveillent le caïman,
Il pleure, il pleure, il ment.
Mais le lotus élégamment
Protège la grenouille.
Il pleut, il pleut, il mouille. »

(Robert Desnos,
Chantefables et chantefleurs)

CHEZ LE FLEURISTE > mai à juillet
DANS LE JARDIN > juin à août
COULEURS > blanc, rose
NOM BOTANIQUE > *Nelumbo nucifera*

Magnolia

« Force et fidélité dans l'amour »

Bel arbre aux corolles cireuses et sensuelles, le magnolia exalte les amours éternelles.

Force de la nature qui existe depuis plus de cinquante millions d'années, le magnolia, qui fait partie des toutes premières plantes à fleurs, transmet un message d'éternité. Icône de l'amour toujours, il scelle des liens indéfectibles, clamant dans le même temps : « je suis fier de t'aimer ». C'est la fleur à offrir pour illustrer la puissance de vos sentiments et affirmer : « ma fidélité t'est totalement et définitivement acquise ». Pouvant dépasser vingt centimètres de diamètre, les fleurs de magnolia exhalent un parfum doucereux, à la fois sucré et vanillé, où pointent des notes de poivre et de citron. Elles composent un cocktail de senteurs enivrantes d'un érotisme torride. On peut donc voir dans un bouquet de magnolias le message déguisé : « j'ai envie de te prouver mon amour », c'est-à-dire en clair, « passons vite à l'acte ! » Mais, si l'on voit à l'évidence du désir charnel dans cette fleur charnue, il y a aussi beaucoup de retenue, de dignité, de douceur, et la célébration de la beauté féminine.

Le saviez-vous ?

- Aux États-Unis, les témoins du marié portent souvent une fleur de magnolia sur leur veste.
- Charles Plumier (1646-1706) a créé le genre *Magnolia* en l'honneur de Pierre Magnol (1638-1715), directeur du jardin botanique de Montpellier, qui décrivit plus de 2 000 plantes.
- Dans la médecine chinoise, on associe magnolia et mandarine verte pour activer la circulation du *chi* (énergie du corps).

« *Magnolia, Magnolia*
C'est une mélopée
C'est un doux chant de paix.
Magnolia, Magnolia
Une fille s'agite
Belle comme Voie lactée
Tu la suis, tu hésites !
Tu la suis, je le sais. »

(Anonyme)

CHEZ LE FLEURISTE > avril à septembre
DANS LE JARDIN > avril à septembre
COULEURS > blanc, rose, pourpre
NOM BOTANIQUE > *Magnolia spp.*

Tout l'amour que j'ai pour toi...

Nigelle

« Liens dans l'amour »

Cette fleur échevelée dont les calices filiformes s'entremêlent dit : « nous sommes unis par l'amour ». Ses fleurs d'un bleu céleste entourées d'une chevelure d'ange ont valu à la nigelle de Damas son nom populaire de « cheveux de Vénus ». L'évocation de la déesse de l'Amour dans l'appellation même de la plante, montre bien l'allusion aux sentiments voluptueux que ne manque pas de transmettre cette jolie fleur annuelle. L'enchevêtrement des sépales tisse un réseau arachnéen qui symbolise sans façon les liens amoureux. Dans le langage des fleurs du temps jadis, on disait en offrant des nigelles : « les tresses de vos cheveux sont autant de chaînes pour mon cœur ».

On retrouve aussi une symbolique amoureuse dans le nom anglais de la plante, *« love in the mist »*, qui se traduit littéralement par « amour dans le brouillard », mais que l'on peut également transposer dans un grand élan de volupté en « amour dans les nuages » ou encore « amour au septième ciel »...

Le saviez-vous ?

- On disait que le diable était représenté par le fruit à cinq cornes de la nigelle, d'où un de ses noms anglais *« devil in a bush »*, « le diable dans un buisson ».
- Les graines concassées de la nigelle comestible *(Nigella sativa)* sont utilisées comme condiment appelé « toute-épice », « quatre-épices » ou « poivrette ». La plante est également dénommée « cumin noir », « fleur muscade » ou « coriandre romaine ».

« La graine des nigelles est noire, brillante comme un cent de puces et garde à long terme, si on l'échauffe, un parfum d'abricot, qu'elle ne transmet pas à la fleur. Je sèmerai des nigelles quand, dans le jardin-de-demain, auront repris place le songe, le projet et le souvenir, sous la forme de ce que j'ai possédé et de ce que j'escompte. »

(Colette, *Gigi*)

CHEZ LE FLEURISTE > juin à septembre
DANS LE JARDIN > juin à septembre
COULEURS > bleu, blanc, mauve, rose
NOM BOTANIQUE > *Nigella damascena*

La complainte des gens fidèles...

Seringat

« Toujours là dans mon cœur »

Véritable exaltation des sens à travers son parfum unique, le seringat est une preuve d'amour magistrale. Arbuste d'apparence banale, commun dans les jardins, le seringat se transforme en star éblouissante au moment de sa floraison. Ses généreux bouquets immaculés embaument à plusieurs mètres d'un parfum très féminin où se mêlent le jasmin, la fleur d'oranger et un subtil cocktail de notes fruitées réellement envoûtant. La fragrance du seringat est si présente, si pénétrante, qu'elle lui a valu dans le langage traditionnel des fleurs d'exprimer l'amour durable en ces mots : « je conserve votre souvenir gravé dans mon cœur ». Dans le langage d'aujourd'hui, on traduira le message par : « je t'ai dans la peau » ou « je veux te graver dans ma vie ». Comme le parfum du seringat laisse un souvenir impérissable, un bouquet signifie aussi : « mon cœur est pénétré de tes bontés », ce qui donne, dans une connotation plus sensuelle : « je me souviens de tes caresses ».

Le saviez-vous ?

- Le nom « seringat » vient de la coutume ancienne qui consistait à évider les tiges de leur moelle pour en faire des seringues.
- Le genre *Philadelphus,* créé par Linné, trouve son origine dans le nom du roi d'Égypte Ptolémée II, surnommé Philadelphe.
- Le premier seringat hybride, *Philadelphus* x *nivalis*, a été créé par Henri Antoine Jacques, chef jardinier du parc de Neuilly, propriété du roi Louis-Philippe.

« *Dans la douceur du printemps,*
Fleur virginale, tu embaumes,
Exhalant l'essence du royaume
Des amours qui défient le temps.
Bouquet enivrant tu caresses,
Mon cœur lascif qui me presse
De chavirer d'amour mon galant,
Seringat tendre fleur des amants. »

(Marie Olivier)

CHEZ LE FLEURISTE > avril et mai
DANS LE JARDIN > avril et mai
COULEURS > blanc, ivoire
NOM BOTANIQUE > *Philadelphus spp.*

Dites-le aussi avec ces fleurs...

Voici une liste complémentaire de plantes qui célèbrent l'harmonie et le bonheur dans le couple. Vertueuses, positives, gratifiantes, ces fleurs peuvent être offertes en toutes occasions. Plus que toutes autres elles font plaisir et même le plus modeste des bouquets vous enchante ...

Bourrache *(Borago officinalis)*
constance du cœur, « je t'aime depuis longtemps »

Carotte sauvage *(Daucus carota)*
amour inébranlable

Chêne vert *(Quercus ilex)*
amour toujours, « je suis toujours amoureux de toi »

Chèvrefeuille rouge *(Lonicera* x *brownii* 'Dropmore Scarlet'*)*
il ne s'offre qu'entre époux, référence à la tendre longévité de leur union

Cornouiller *(Cornus spp.)*
durée, « mon amour résistera à l'adversité », amour solide en toutes occasions

Cumin *(Ciminum cuminum)*
fidélité

Fraisier *(Fragaria vesca)*
amour parfait

Jasmin jaune buissonnant *(Jasminum fruticans)*
passion, bonheur

Pensée *(Viola* x *wittrockiana)*
« j'ai toujours une pensée pour toi », « j'ai confiance en notre amour » (pensée bleue)

Prunier *(Prunus domestica)*
fidélité, promesses tenues

Rose mauve *(Rosa* x *hybrida)*
« je t'aimerai jusqu'à la mort », « je t'aime à en mourir »

Violette du Cap *(Saintpaulia ionantha)*
fidélité

Talisman d'amour

Présenté en couronne pour célébrer la force des sentiments, ce bouquet associe des lis des Incas (alstroemères) qui, une fois ouverts, inspireront le comble du bonheur, avec un chœur d'asters qui expriment : « l'amour que je ressens pour toi est plus fort que tout au monde. » Une belle marque de tendresse et de sérénité en guise de porte-bonheur.

Constance et confiance

Cette brassée de roses mauves avoue de façon solennelle : « je t'aimerai jusqu'à mon dernier souffle ». Elle est environnée d'un nuage d'asters qui tempèrent l'émotion par une notion d'amour confiant et délicat.

Paix des cœurs

Le gracieux ballet des lis d'Amazonie (*Eucharis*) susurre : « je ne t'oublie pas », un message renforcé par le tendre propos du tapis de lavande qui se traduit par : « mon amour est aussi une marque de mon respect ». Ce bouquet tout en délicatesse et en harmonie s'offrira dans un couple bien épanoui, pour marquer la constance des sentiments et le plaisir d'être ensemble pour longtemps.

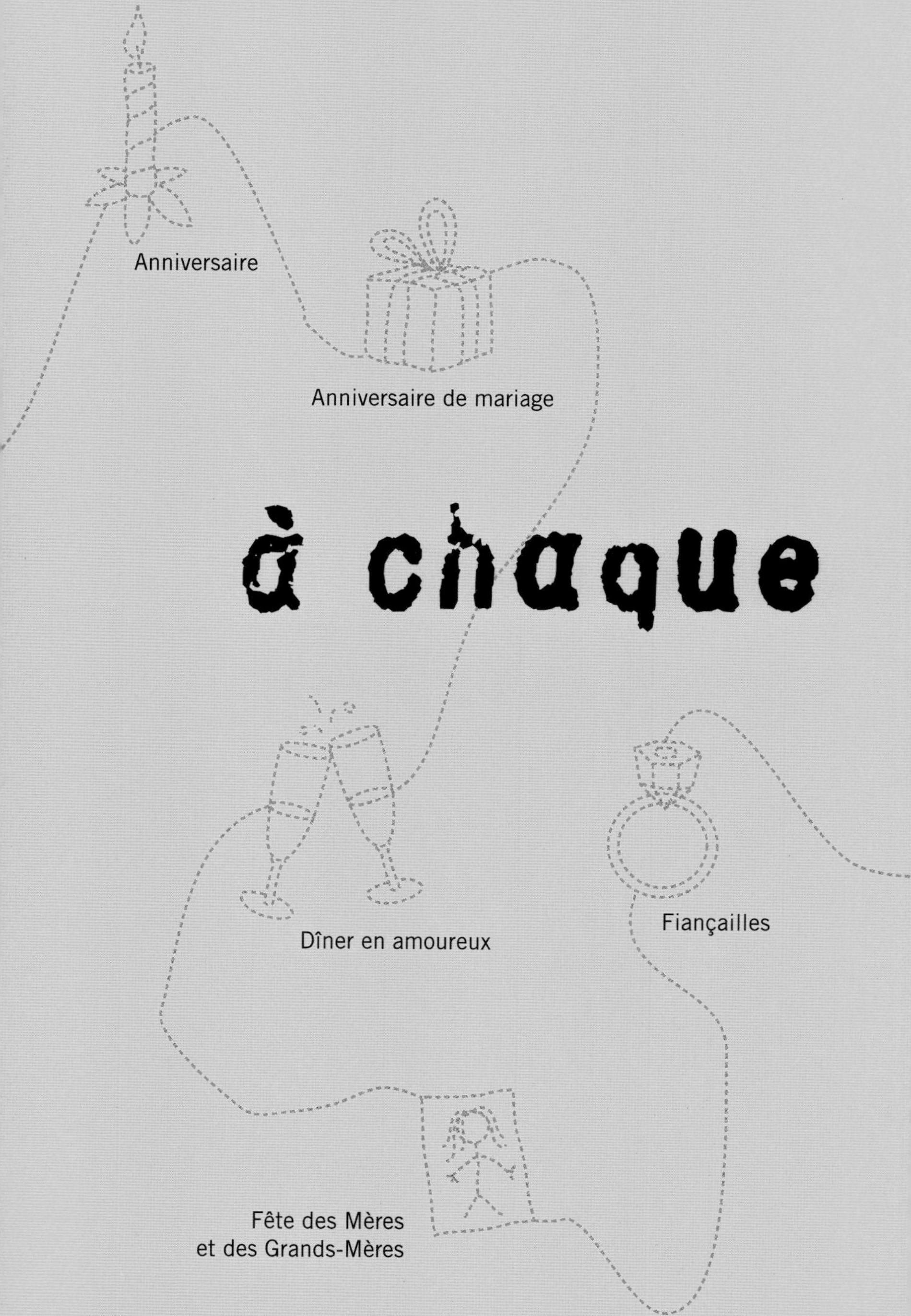
Anniversaire
Anniversaire de mariage
à chaque
Dîner en amoureux
Fiançailles
Fête des Mères
et des Grands-Mères

occasion son bouquet

À chaque occasion son bouquet

Les fleurs accompagnent tous les événements de la vie, essaimant des symboles dans leur beauté éphémère. En toutes occasions, un bouquet, une potée ou une simple fleur dévoile la nature des sentiments de son donateur...

Dîner en amoureux

Décorez la table d'un bouquet raffiné, un brin cérémonieux, mais assez discret. Agapanthes (bleues), glaïeuls blancs et quelques tiges de lavande parfumée apporteront une note de séduction. Pour les timides ou un premier rendez-vous, un gros bouquet de violettes est un aveu discret. Dans une coupe, une association d'arums de couleur où dominent le pourpre et le rouge, éclairés par des glaïeuls blancs, est un symbole affiché du désir de conquérir l'invitée.

MON CONSEIL : *si vous êtes un peu à court d'argent, offrez une seule rose. Elle servira la déclaration amoureuse mieux qu'une gerbe somptueuse d'autres fleurs !*

Invitation à l'amour

Pour commencer, envoyez à la personne aimée un petit bouquet de violettes qui lui dira au creux de l'oreille : « Il paraît que quelqu'un est amoureux de toi, mais... chut... c'est un secret... ». Sollicitez ensuite un rendez-vous par le biais d'un bouquet de glaïeuls, leur nombre signifiant l'heure de la rencontre. Ensuite, vous pouvez laisser éclater vos sentiments enflammés à travers un bouquet de roses rouges... Vous ponctuerez votre histoire au fil des jours avec des déclarations fleuries : le tournesol pour lui dire « je ne vois que toi, tu es mon soleil », la marguerite pour exprimer votre admiration, l'œillet blanc pour l'assurer de votre fidélité, l'orchidée pour évoquer un amour raffiné et mystérieux...

◀ *Pour un* ***dîner en amoureux****, offrez des violettes pour dire : « je t'aime en secret ».*

▲ ***Invitation à l'amour,*** *avec le gloriosa qui célèbre la beauté de la dame et l'amarante qui avoue : « je ne me lasse pas de tes caresses ».*

Un bouquet de tulipes jaunes et de tulipes panachées avec des roses rouges en boutons est un compliment qui flatte les beaux yeux de la destinataire (tulipes panachées), qualifiée de charmante (boutons de roses), tandis que l'on avoue un amour (couleur rouge des roses), tout en conservant un brin de mystère avec les tulipes jaunes.

MON CONSEIL : *pour attirer l'attention sur vos sentiments, évitez les bouquets trop imposants et les compositions sophistiquées afin de ne pas passer pour prétentieux. En revanche, pour une invitation à l'amour physique, tous les délires avec des fleurs exotiques sont bons.*

1er Mai

Tradition oblige, impossible d'échapper au muguet, tant cette petite fleur parfumée est associée à cette journée. Le muguet exalte le retour du bonheur. Offrir 13 brins de muguet est le gage d'un vœu de félicité éternelle. Vous pouvez associer votre aimable présent à de l'aubépine, qui fait vœu d'espoir de réussite, à quelques brins de blé, qui souhaitent la richesse, le tout enveloppé de quelques feuilles de chou pour dire : « je te souhaite de bons profits », c'est-à-dire de la prospérité. Et, si vous parfumez le bouquet à la cardamome (mais ce serait dommage pour le muguet), vous ajouterez à votre message : « je n'ai que de bonnes pensées pour toi ». Autre fleur symbole du 1er Mai, l'œillet rouge, associé à la fête du Travail, ce qui est aussi le cas du muguet.

MON CONSEIL : *le muguet du 1er Mai est la seule fleur que les hommes et les femmes peuvent s'échanger sans y voir forcément une connotation amoureuse. Souhaitez le bonheur autour de vous sans modération !*

Fiançailles

Pour la cérémonie officielle des fiançailles, il est bienvenu que le jeune homme fasse livrer une corbeille de fleurs blanches chez sa promise : rose, lis, tulipe, jacinthe, orchidée, gardénia, narcisse, agapanthe, renoncule s'y prêtent bien. Attention, l'œillet blanc symbolise le mariage. Pour des fiançailles, préférez l'œillet rouge simple. Tous les invités doivent également offrir des fleurs de couleur claire. Il est d'usage que les futurs beaux-

▲ *Pour des* ***fiançailles****, offrez un bouquet opulent par sa taille, mais élégant dans sa présentation, dans les tons clairs de préférence, avec des feuillages vaporeux.*

parents offrent à la jeune fille un vase en cristal ou une coupe d'argent contenant un bouquet de diverses fleurs blanches.

Sur la table du repas de fiançailles, des bouquets de tulipes blanches sont parfaits. Associez-les à des branches de lierre, symbole d'une union heureuse et durable. Aujourd'hui, la virginité n'étant plus de mise, on décore la maison de la fiancée avec des fleurs dont la teinte s'harmonise avec l'intérieur.

MON CONSEIL : *choisissez des fleurs exotiques ou un bouquet sophistiqué si votre fiancée vit à la campagne. Le cadeau doit être prestigieux, il ne faudrait pas que l'on puisse penser que vous avez cueilli les fleurs dans la nature !*

Dans ce bouquet d' ***anniversaire****, eucharis, lisianthus et mimosa affichent vos bonnes pensées, de l'amitié et des vœux d'harmonie.*

Anniversaire

Pour accompagner ou dissimuler un cadeau de petite taille, par exemple un bijou, choisissez un bouquet assez simple de fleurs en mélange de teintes pastel, ou bicolores pour éviter toute ambiguïté sur l'expression de vos sentiments. Les fleurs à bulbes sont de bon ton, surtout au printemps.

Pour un anniversaire printanier, une couronne composée de freesia, jacinthe, pittosporum panaché, boule-de-neige et muguet convient bien. En été : freesia, tubéreuse, orchidée et dahlia panaché. En automne et en hiver, des tulipes en mélange de couleurs accompagnées de feuillages décoratifs. Dans les années 40, à l'occasion de son anniversaire, l'heureuse élue du jour recevait un superbe bouquet de 100 violettes.

MON CONSEIL : *évitez d'offrir des roses jaunes (ou des fleurs jaunes en général) à votre femme, elle pourrait douter de votre fidélité ou penser que vous exprimez de la jalousie.*

Saint-Valentin

D'origine anglo-saxonne, la fête des amoureux voulait que les jeunes filles surnommées les « Valentines » choisissent elles-mêmes leur prétendant le 14 février. En échange, le « Valentin » leur offrait un cadeau. La tradition d'offrir des fleurs pour la Saint-Valentin remonte à la fin du XVIe siècle. Lors d'une réception pour la Saint-Valentin, donnée par une des filles d' Henri IV d'Angleterre, chaque jeune fille présente reçut un bouquet de fleurs des mains du jeune homme qui l'avait choisie comme « Valentine ». La rose rouge reste la fleur le plus couramment offerte lors de la Saint-Valentin. Mais toutes les fleurs de la couleur de l'amour porteront le même message : tulipe, anémone, giroflée, œillet, anthurium.

MON CONSEIL : *évitez les compositions délirantes pour la Saint-Valentin, l'important étant de passer un message d'amour fort et clair.*

▲ *Pour la* ***Saint-Valentin,*** *le rouge de l'amour avec roses, tulipes et gerberas éclairé de l'innocence des lis blancs.*

Mariage

Par tradition, le marié offre le bouquet porté par la mariée lors de la cérémonie. Il est souvent composé avec des fleurs sophistiquées comme des orchidées, mais il est d'usage que la mariée choisisse elle-même les fleurs de son bouquet en fonction de son goût personnel, la composition devant être en harmonie avec sa toilette.

Le lis blanc parfumé et le jasmin sont utilisés couramment dans les bouquets de mariée, les grandes gerbes de cérémonies et de fêtes, lors des banquets. On choisit souvent des pousses de camélia non fleuries pour entourer le bouquet rond porté par la mariée. Son feuillage vert sombre et vernissé va mettre en valeur les fleurs claires. Les immortelles ont longtemps décoré la couronne de la mariée. Aujourd'hui, on leur préfère des roses tressées avec des branches de lierre pour symboliser un amour durable et la fidélité.

Les fleurs d'oranger annoncent des réjouissances nuptiales. Dans les régions méditerranéennes, on les associe avec des tiges de romarin. Pour les demoiselles d'honneur, des freesias violets sont du meilleur goût. Ils conjuguent discrétion, élégance et sensualité en raison de leur puissant parfum. Une fleur d'eucharis peut être portée à la boutonnière par les pères des époux, à la place de l'œillet blanc. Aux États-Unis, une fleur de magnolia est portée à la boutonnière par les témoins du marié.

MON CONSEIL : *bannissez les plantes épineuses des bouquets de mariage, même si leur aspect pénétrant symbolise l'acte d'amour. Elles développent surtout une connotation négative, voire maléfique.*

Naissance

Offrez à la jeune maman un bouquet pastel. Il est courant d'offrir une azalée ou un hortensia en pot pour une naissance, à fleurs bleues pour un garçon, à fleurs roses pour une fille. Au printemps, un bouquet de jonquilles est le bienvenu, en été une myriade d'asters à petites fleurs blanches, roses ou bleues. Toute l'année, les chrysanthèmes 'Tokyo' d'un jaune très vif seront appréciés comme un signe de joie et de longévité. Le papa va apporter une brassée de roses rouges, accompagnée d'une plante verte ou d'un tout jeune arbre, symbole de longévité. Un camélia est un signe d'admiration et de bonne chance. Il dit à l'occasion d'une naissance : « sa destinée est entre nos mains ».

MON CONSEIL : *évitez les fleurs fortement parfumées qui peuvent incommoder la jeune maman dans le confinement de sa chambre.*

Anniversaire de mariage

Un mélange de fleurs blanches et rouges affirme un amour fort, harmonieux et durable. À conseiller : la couronne d'ail décoratif, de sauge panachée, de thym et de menthe, délicieux cocktail de sentiments amoureux.

▼ *Dans ce bouquet réservé au* ***mariage****, le lisianthus symbolise le bonheur, les tulipes la beauté, la pureté, la grâce et les lis de la Madone un amour prometteur.*

▲ *A l'occasion d'une* ***naissance****, cette belle architecture de lisianthus et de blé transmet des vœux de réussite, d'abondance et de prospérité.*

Une branche de myrte, une fleur d'agapanthe ou de scille de Sibérie attachées par une tige de plante grimpante en signe d'espérance conviennent pour souhaiter : « aimons-nous avec constance ».

Noces d'argent (25 ans) : pensées, violettes, myosotis, arbre d'argent, roses thé et graminées argentées.

Noces d'or (50 ans) : un mélange de fleurs jaunes ou orangées agrémenté d'épis dorés. Une branche de chèvrefeuille avec deux feuilles de menthe et une tige de luzerne signifie : « tes qualités sont le lien qui nous attache pour la vie ».

NOCES DE DIAMANT (60 ANS) : des roses rouges et des pensées dans un vase en cristal ou un mélange d'orchidées rares dans un écrin.

MON CONSEIL : *évitez les fleurs mauves, les cinéraires et les chrysanthèmes à grosses fleurs de couleur foncée. On les surnomme « fleurs des veuves », chargées d'une forte connotation funéraire.*

Fêtes des Mères et des Grands-Mères

Offrez de la lavande ou du lilas pour la fête des Mères. Un bouquet d'ornithogales enserré par des branches de lierre et quelques tiges de chèvrefeuille, le tout attaché par un ruban assez large, fait preuve d'un attachement loyal et sincère. Aux États-Unis, le lis est la fleur traditionnelle pour la fête des Mères. En Angleterre, c'est l'œillet rose. Le mimosa est la fleur de prédilection pour la fête des Grands-Mères (le premier dimanche de mars). On le doit peut-être à Marcel Pagnol, qui dans *Naïs* a énoncé cette délicieuse réflexion : « les grands-mères, c'est comme le mimosa : c'est doux et c'est frais, mais c'est fragile... » Les coupes de fleurs à bulbes sont aussi les bienvenues.

MON CONSEIL : *la modestie est de mise pour célébrer la tendresse ou l'amour filial. Préférez les bouquets ronds ou les corbeilles de style champêtre.*

Vertige de l'amour

Plantes aphrodisiaques

Dans sa quête permanente d'exploits érotiques, l'homme a toujours cherché des artifices pour augmenter son pouvoir de séduction et décupler ses performances sexuelles. Parallèlement, les femmes préparaient en secret de mystérieuses potions magiques pour « doper » l'ardeur de leurs amants, comptant bien aussi en profiter ! Philtres d'amour, poudres de badinage mijotent encore dans nos creusets, car l'humanité fantasme tant et plus sur les aphrodisiaques.

Le terme « aphrodisiaque » vient d'Aphrodite, la déesse grecque de l'Amour, de la Beauté, de la Sensualité, qui favorisait l'entente amoureuse, incitant les mortels à toutes les voluptés.

On qualifie d'aphrodisiaque les substances capables ou censées favoriser, provoquer ou stimuler le désir charnel et l'acte sexuel. Il s'agit essentiellement d'euphorisants, de vitamines, d'hormones végétales, d'huiles essentielles, de parfums et de tout produit permettant de transmettre une excitation.

Pour vous faire passer de vrais instants de plaisir, nous avons choisi de vous présenter dans les pages suivantes une sélection de plantes aromatiques ou d'épices dites aphrodisiaques.

Toutes les plantes réputées telles contiennent des vitamines, des oligoéléments et des alcaloïdes qui peuvent parfois s'avérer redoutables. Mais elles révèlent aussi des arômes subtils et savoureux. Alors, que diriez-vous pour un dîner galant de cuisses de grenouille à l'ail, d'un lapin à la sarriette accompagné d'un gratin de céleri et d'un peu de riz au safran, avec, pour finir, un gâteau au chocolat sauce au gingembre. Délices garantis !

Histoire d'aulx...

Ail

(Allium sativum)

L'ail est un puissant énergétique dont l'effet stimulant est aussi considéré comme aphrodisiaque.

Depuis l'Égypte ancienne, l'ail constitue la base de recettes aphrodisiaques. Chez les Grecs, les prêtresses d'Aphrodite composaient des philtres d'amour à base d'ail et les Romains en utilisaient le jus pressé mêlé à de la coriandre. Au Moyen-Orient, le jeune marié porte encore parfois une gousse d'ail à sa boutonnière. En fluidifiant le sang et en dilatant les artères, l'ail facilite l'érection. Il contient de la sérotonine, réputée retarder l'éjaculation. Le soir, hachez deux gousses d'ail avec du persil, liez avec de l'huile d'olive sur une tartine. Si l'odeur alliacée vous gêne, neutralisez-la en croquant quelques grains de café, d'anis vert, de cumin ou de cardamome, plantes réputées habiles dans les jeux de l'amour.

Ange ou démon?...

Angélique

(Angelica archangelica)

Appelée aussi « herbe des anges » ou « racine du Saint-Esprit », l'angélique est réputée miraculeuse.

La légende veut que l'archange Raphaël ait fait connaître aux hommes l'angélique, et ses vertus. Favorisant les sécrétions des muqueuses et l'élasticité musculaire, l'angélique est considérée comme un aphrodisiaque féminin, en quelque sorte l'équivalent femelle du ginseng. La racine d'angélique est connue pour prolonger la sécrétion des œstrogènes et, donc, pour retarder la ménopause, ce qui lui confère l'image de fort revigorant et de prolongateur de l'activité sexuelle féminine. L'infusion de 30 g de racines dans un litre d'eau est stimulante et tonique. Elle améliore la vigueur des organes génitaux et serait donc aussi valable pour combattre l'impuissance.

En avoine ou pas ?

Avoine

(Avena sativa)

Réel excitant pour les chevaux, l'avoine renferme un alcaloïde stimulant le système nerveux et les sens. Bien qu'on la retrouve dans les céréales qu'adorent les enfants au petit déjeuner, l'avoine serait aphrodisiaque ! Les premières références aux effets stimulants de l'avoine sur la sexualité ont été faites en Allemagne, il y a deux siècles. Cette graminée contient un alcaloïde, l'avénine, qui active le système nerveux central. L'avénine favorise la libération de testostérone, hormone sexuelle mâle qui contrôle la formation du sperme et joue un rôle prépondérant sur le développement des organes génitaux. Trois études récentes conduites en Californie suggèrent qu'un extrait d'avoine peut améliorer la libido chez l'homme et augmenter la durée et la qualité des érections, par une activation de la production de testostérone.

Fini la débandade...

Cacao

(Theobroma cacao)

Cette gourmandise exquise, qui était réputée rendre plus doux les baisers, possède de réelles vertus toniques. Le cacao contient des substances chimiques stimulantes, dont la théobromine, réputée favoriser l'irrigation du pénis. Le chocolat serait à la fois aphrodisiaque et euphorisant... Jadis, les Indiens d'Amérique centrale fabriquaient un philtre d'amour avec de la poudre de cacao diluée dans de l'eau avec de la vanille, du piment, de la cannelle et des graines de courge. La mixture devait être bue dans une coupe en or, après avoir été salée ou sucrée au miel.

L'anandamide contenue dans le cacao procure des sensations euphorisantes voisines de celles du cannabis. Mais il faudrait dévorer au moins 13 kg de chocolat pour espérer atteindre le nirvana sexuel !

On l'appelle cannelle...

Cannelle

(Cinnamomum zeylanicum)

Symbole de la séduction dans le langage des fleurs, la cannelle est une épice douce comme une caresse.

La cannelle est considérée comme un aphrodisiaque notoire, depuis la nuit des temps. En secret, il se murmure que les amours de Tristan et Yseult furent favorisées par cette plante du Sri Lanka, qui faisait partie de la composition du philtre qu'ils burent ensemble. Le cannelier, dont on utilise essentiellement l'écorce, est réputé en Asie jouer un rôle important dans le désir d'amour. Il faut mélanger la cannelle réduite en poudre à d'autres plantes aphrodisiaques comme le piment ou aux « huiles de Vénus », la verveine citronnelle *(Lippia citriodora)* et le damiana *(Turnera aphrodisiaca)*. Cette macération stimulante est utilisée dans les huiles de massage destinées à préparer les parties génitales avant les ébats érotiques.

Céleri scélérat, scellera l'amour...

Céleri

(Apium graveolens)

En apparence bien anodin, ce légume à la racine pivotante possède une réputation bien sulfureuse.

La tradition populaire témoigne des vertus aphrodisiaques du céleri sauvage, ou ache, avec ce dicton : « si la femme savait ce que le céleri vaut à l'homme, elle irait en chercher jusqu'à Rome ». Consommer de la racine fraîche de céleri est réputé renforcer la puissance dans l'acte sexuel. Madame de Pompadour en faisait consommer à Louis XV avant leurs ébats. Le céleri, qui a été surnommé « légume viril » par Bernard Loiseau, contient de l'apigénine. C'est un alcaloïde qui favorise la spermatogenèse et provoque des effets vasodilatateurs démontrés dans les années 1990. L'apigénine provoque aussi la contraction des muscles du périnée, qui concourent au redressement de la verge. CQFD !

Les petites graines du bonheur...

Fenugrec

(Trigonella foenum-graecum)

Les graines de fenugrec sont réputées stimuler l'activité amoureuse et sexuelle. Ne vous en privez pas !
Cousin du pois, le fenugrec est une plante de 50 cm de haut, originaire de l'Inde et du Pakistan. On utilise les sommités fleuries et les graines pour leurs propriétés aromatiques, notamment dans les currys. Les semences de fenugrec possèdent des propriétés fortifiantes, en raison de leur teneur en graisses, albumine, hydrates de carbone et principes amers. Renommées comme fortifiant et stimulant sexuel en Asie, les graines de fenugrec renferment un précurseur de la synthèse d'hormones sexuelles, notamment la testostérone. Pour une bonne activité amoureuse, les médecins arabes conseillaient de prendre, tous les matins, du fenugrec réduit en poudre et mélangé à du miel.

La petite bête qui monte...

Gingembre

(Zingiber officinale, Z. spectabile)

Les vertus aphrodisiaques du gingembre sont légendaires. On dit qu'il rend amoureux et déchaîne les sens.
Depuis toujours, on attribue de grandes vertus aphrodisiaques au gingembre, disant qu'il apporte « le feu au corps ». Sa racine, qui fait penser à un petit homme, est considérée comme une aide à l'érection masculine. Dans le langage des fleurs, cette plante asiatique exprime puissance et force masculines. Condiment très apprécié, le gingembre contient de nombreuses substances, dont les gingerols qui ont une action bénéfique sur la fertilité, en augmentant le volume du sperme et en améliorant la mobilité des spermatozoïdes. Jusqu'au XIXe siècle, la confiture de gingembre au miel de Nostradamus était préconisée pour « enflammer les femmes frigides ».

Un coup de barre, et ça repart...

Ginseng

(Panax ginseng)

Plante aux très nombreuses qualités toniques, le ginseng est considéré en Asie comme le roi des aphrodisiaques. Cultivé depuis des millénaires en Chine et en Corée, le ginseng y est appelé « fleur de vie ». On dit que la racine de cette plante excite le corps, facilite les réactions musculaires et offre ainsi des conditions très favorables au plaisir sexuel. Bien qu'aucune étude n'ait réellement prouvé son efficacité dans l'amour, le ginseng, qui est considéré comme un des meilleurs toniques masculins, est sans doute aujourd'hui l'aphrodisiaque le plus consommé sur la planète ! Une action stimulante sur la zone corticosurrénale a été démontrée, ainsi qu'un effet stimulant sur l'organisme et la spermatogenèse. Les ginsengs de Chine et de Corée sont les meilleurs. Ils doivent avoir été plantés depuis au moins six ans pour être vraiment efficaces.

Le désir me monte au nez...

Moutarde

(Brassica nigra et *Sinapis alba)*

Stimulant notoire, la moutarde a longtemps été le seul aphrodisiaque masculin à utilisation externe.
Dans son étymologie déjà se cache une connotation coquine, « moût ardent » étant devenu moutarde. L'explication vient que ce condiment était préparé avec des graines de moutarde blanche broyées, puis mélangées à du moût du raisin. Aux XVIIe et XVIIIe siècles, dans toute l'Europe, les hommes avaient pour habitude d'enduire, juste avant l'acte, leur pénis d'un cataplasme à base de moutarde. Remède pour le moins brûlant... mais réputé efficace. En effet, en piquant la peau, la moutarde dilate les vaisseaux et intensifie localement la circulation sanguine. C'est pourquoi les moines avaient interdiction d'ajouter de la moutarde à leurs mets, afin d'éviter le risque d'éveiller leur virilité.

La drogue de l'extase...

Muscade

(Myristica fragrans)

Riche en divers alcaloïdes euphorisants ou stimulants, la noix de muscade suscite l'excitation amoureuse. Stimulante, digestive et carminative (purifiante), la muscade est une épice tropicale, connue en Europe depuis le XVIe siècle. La noix produit une huile qui excite l'activité cérébrale et augmente le désir, car elle contient de la myristicine, un principe euphorisant redoutable. La noix de muscade contient aussi de la sérotonine, substance qui retarde l'émission du sperme et peut constituer une aide dans le traitement des problèmes d'éjaculation précoce. Attention, l'abus de muscade peut entraîner des crampes ; mieux vaut donc se limiter à un usage externe, le massage de la verge à l'huile de muscade favorisant son gonflement. Les superstitieux n'utiliseront pas la muscade un vendredi soir, c'est dit-on, mauvais pour l'amour !

Certains l'aiment chaud

Piment

(Capsicum annuum)

En raison de sa saveur très forte, le piment est un excitant dont on vante les propriétés aphrodisiaques.
Cette plante de la famille des Solanacées est originaire d'Amérique centrale et du Sud. Les Indiens en broyaient les graines pour fabriquer une poudre qu'ils prisaient d'une façon rituelle et utilisaient aussi avant l'acte sexuel. Les piments forts contiennent des capscaïnes, substances qui exercent une action stimulante sur la circulation sanguine et possèdent un fort effet vasodilatateur, ce qui favorise par conséquent le gonflement de la verge. Les propriétés irritantes du piment sont parfois utilisées directement sur les parties génitales en vue de provoquer un afflux de sang qui favoriserait l'érection. Mais attention, c'est une pratique très douloureuse, voire dangereuse.

Il teint les draps de l'amour…

Safran

(Crocus sativus)

Les pistils orangés du safran constituent l'épice la plus chère du monde, mais aussi un aphrodisiaque célèbre. Dans la mythologie, Zeus invitait ses compagnes sur des couches de safran, pour des ébats divins ! Depuis lors, on dit que le safran « teint les draps de l'amour ». Déjà référencé comme stimulant sexuel dans un écrit médical chinois datant de 2 600 ans avant J.-C., le safran s'est forgé une solide réputation d'aphrodisiaque. Cette épice chaude et douce stimulerait le désir féminin, régulant aussi les problèmes menstruels. Le safran est aussi connu pour renforcer la pulsion sexuelle des jeunes hommes ; son huile essentielle est devenue légendaire pour favoriser la longueur et l'intensité des orgasmes. Faites infuser des pistils de safran dans du vin, pour obtenir une boisson réputée comme aphrodisiaque et euphorisante.

Elle réveille le satyre…

Sarriette

(Satureja hortensis)

Qui supposerait qu'une si discrète plante aromatique du maquis déclenche des passions aussi torrides ? Lamiacée européenne voisine de la mélisse et du thym, la sarriette est renommée pour donner de l'ardeur aux plus indifférents. On l'appelle d'ailleurs dans les campagnes « herbe des satyres », ce qui en dit long sur ses propriétés supposées. La sarriette est un stimulant des glandes surrénales, ce qui la rend efficace contre l'asthénie intellectuelle et sexuelle. On dit qu'elle aide à l'érection, et incite à l'imagination dans les jeux amoureux, tout en procurant à l'homme une jouissance orgasmique exceptionnelle. Pour être pleinement efficace, il est conseillé de confectionner une infusion avec des tiges de sarriette, un peu de racine d'angélique et quelques grains de poivre.

INDEX DES SENTIMENTS

BIBLIOGRAPHIE

Amour, quand tu nous tiens, Pocket 2003
Cent poèmes d'amour, Omnibus 2000
Des mots et des fleurs, Z. Bauer, Plume/Flammarion 2001
Fleurs en fêtes, histoire des fêtes fleuries, M. Cointat, SNHF 1997
Fleurs, fêtes et saisons, J.-M. Pelt, Fayard 1988
Flore des dames, A. Jacquemart, B. Neuhaus Éditeur 1841
Histoires et légendes des plantes, J. Rambosson, Firmin-Didot 1868
L'érotisme au jardin, J.-P. Pigeat, Flammarion 2003
La Guirlande de Julie, I. Frain, Robert Laffont/Bibliothèque Nationale 1991
La magie des plantes, Jacques Brosse, Albin Michel 1990
La plus belle histoire des plantes, Pelt, Mazoyer, Monod, Girardon, Seuil 1998
Le langage d'amour des fleurs, A.-M. Cellier, Paul Starosta, Solar 2000
Le langage des fleurs, Charlotte de la Tour, Garnier frères 1845
Le langage des fleurs des champs, M. Seguin-Fontes, Éditions du Chêne 1998
Le langage des fleurs du temps jadis, S. Pickles, Solar 1992
Le langage des fleurs M.-L. Sondaz, Raoul Solar Éditeur 1952
Le langage des fleurs M. Seguin-Fontes, Éditions du Chêne 1995
Le langage des fleurs N. Parrot, La Maison Rustique/Flammarion 2000
Le langage des fleurs P. Todd, France Loisirs 1994
Le sens caché des fleurs, A. Tapié, Adam Biro 1997
Le véritable langage des fleurs, A. de Neuville, Berbardin Béchet éditeur 1866
Les fleurs et leur langage, Bénédicte Desmarais, Éditions de Vecchi 1996
Les plantes de l'amour, Christian Rätsch, Éditions du Lézard 2001
Les plantes de la Bible et leur symbolique, C. Boureux, Cerf 2001
Les plantes et leurs symboles, A. Dumas, Éditions du Chêne 2000
Nouveau langage des fleurs, P. Zaccone, Hachette 1862
Petite histoire des fleurs de l'histoire, P. Miquel, Albin Michel 1997
Plantes à histoires, J. Hannoteaux, UNAF 1986
Plantes et sexualité, La Garance Voyageuse n° 59, Automne

CRÉDITS PHOTOGRAPHIQUES

L'éditeur tient à remercier tout particulièrement Nicole Mioulane et l'agence *MAP/Mise au point*, qui ont fourni toutes les photos de fleurs illustrant ce livre à l'exclusion des photos de bouquets.
Photographes : **Arnaud Descat**, 8, 9, 10, 14, 15, 16, 17 et 23, 18, 20, 22, 28, 30, 31, 43, 48, 49, 51, 52, 53, 55, 57 et 71, 58, 59, 60, 61, 62, 63, 64, 68, 69, 70, 77, 83 et 95, 84, 85, 87, 89, 91, 102, 105, 106 et 111, 107, 108, 110, 118, 121, 122, 126, 129, 136, 137, 139, 141, 143, 144, 145, 148, 149 et 153, 150, 161, 163, 166, 167 et 169, 174, 175, 176, 179, 180 et 185, 191, 192, 194, 195, 200, 204, 206, 207, 210, 211 et 217, 215, 230 h, 233 b, 235 h ; **Nicole et Patrick Mioulane**, 11, 21, 36, 46, 47, 66, 92, 103, 104, 116, 124, 128, 138, 140, 147, 152, 159, 162, 164, 183, 190, 193, 202, 214, 232 h et b, 233 h, 234 h ; **Yann Monel**, 12, 42, 44, 54, 90, 125, 229 b ; **Frédéric Didillon**, 13, 19, 33, 35, 37, 65, 76, 82, 86, 94, 117 et 131, 119, 120, 123, 142, 158, 181, 182, 213, 229 h, 231 b, 234 b ; **Hughes**, 32 ; **Max Fender, 34** ; **Noun**, 45, 50, 184 ; **Friedrich Strauss**, 29, 79, 80, 127, 168, 177, 203, 205, 208, 209 ; **Clive Nichols**, 56, 88, 100, 109, 146, 151, 201 ; **Alain Guerrier**, 67, 81, 101, 160, 212, 216, 235 b ; **Bernard Rebouleau**, 78 ; **Frank Buffetrille**, 93, 230 b ; **Jean Raux**, 130 ; **Paul Nief**, 165, 178 ; **Serge Schall**, 231 h

Imprimé en Italie par G. Canale & C. S.p.A. - Borgaro T.se - Turin
Janvier 2004